वास्तविक जीवन की प्रेरक कहानियां

REAL LIFE MOTIVATIONAL SHORT STORIES

कबीर दास

Copyright © Kabir Das
All Rights Reserved.

ISBN 979-888591484-0

This book has been published with all efforts taken to make the material error-free after the consent of the author. However, the author and the publisher do not assume and hereby disclaim any liability to any party for any loss, damage, or disruption caused by errors or omissions, whether such errors or omissions result from negligence, accident, or any other cause.

While every effort has been made to avoid any mistake or omission, this publication is being sold on the condition and understanding that neither the author nor the publishers or printers would be liable in any manner to any person by reason of any mistake or omission in this publication or for any action taken or omitted to be taken or advice rendered or accepted on the basis of this work. For any defect in printing or binding the publishers will be liable only to replace the defective copy by another copy of this work then available.

क्रम-सूची

1. भारत रत्न प्राप्त डॉ. एपीजे अब्दुल कलाम — 1
2. महानायक सुभाषचन्द्र बोस — 3
3. डॉ.ग्लेन कनिंघम: दृढ़ संकल्प-शक्ति के महानायक — 5
4. अभिनव बिन्द्रा — 7
5. चिन्ना स्वामी: गोल्फ कैडी — 9
6. उसैन बोल्ट — 10
7. न्यूटन — 12
8. चन्द्रप्रभा अटवाल — 14
9. विल्मा रूडोल्फ — 15
10. कर्नल साण्डर्स — 17
11. संजय अखाडे — 19
12. वर्नर हाइजेनबर्ग — 21
13. फोर्ड मोटर के मालिक: हेनरी फोर्ड — 23
14. फ्लोरेन्स चैडविक — 25
15. करसन भाई पटेल — 27
16. प्रकाश कँवर — 28
17. नरेश गोयल — 29
18. सुब्रोतो राय — 30
19. सर एम विश्वेश्वरैया — 31
20. मेघनाद साहा — 33
21. महान् गणितज्ञ रामानुजन: धुन के पक्के — 34
22. ब्रह्मचारिणी कमलाबाई — 36
23. सुधा चन्द्रन — 38
24. शिव नाडार — 39

क्रम-सूची

25. अमिताभ बच्चन	40
26. महमूद अली	42
27. निक वुजिसिक	43
28. जॉर्ज वाशिंगटन	44
29. धीरूभाई अम्बानी	45
30. आर माधवन	47
31. एनआर नारायणमूर्ति	50
32. लियोनेल मेसी	51
33. दशरथ मांझी	54
34. सनी हिंदुस्तानी	57
35. साफिन हसन	59
36. धर्मपाल गुलाटी	62
37. हार गया लेकिन खुद से जीत गया	65
38. परिस्थितियों को दोष देना	67
39. ईमानदारी का फल	69
40. लिज्जत पापड़ की कहानी	72
41. आत्म विजेता ही असली विजेता	74
42. हाथों का मोहताज नहीं हौसला	75

1
भारत रत्न प्राप्त डॉ. एपीजे अब्दुल कलाम

भारत रत्न प्राप्त डॉ. एपीजे अब्दुल कलाम

अब्दुल कलाम का जन्म 15 अक्टूबर, 1931 को तमिलनाडु के एक गाँव धनुषकोडी में हुआ था। इनके पिता, मछुआरों को किराए पर नाव देते थे। कलाम ने अपनी पढ़ाई के लिए धन की पूर्ति हेतु अखबार बेचने का कार्य भी किया। डॉ. कलाम ने जीवन में अनेक चुनौतियों का सामना किया। उनका जीवन सदा संघर्षशील रहने वाले एक ऐसे व्यक्ति की कहानी है, जिसने कभी हार नहीं मानी

तथा देशहित में अपना सर्वस्व न्योछावर करते हुए, सदा उत्कृष्टता के पथ पर चलते रहे। 71 वर्ष की आयु में भी वे अथक परिश्रम करते हुए भारत को सुपर पावर बनाने की ओर प्रयासरत थे।

भारत रत्न डॉ. अब्दुल कलाम भारत के 11वें राष्ट्रपति बने। वे भारत रत्न से सम्मानित होने वाले तीसरे राष्ट्रपति हैं। भारत के मिसाइल कार्यक्रम के जनक, डॉ. कलाम ने देश को 'अग्नि' एवं 'पृथ्वी' जैसी मिसाइलें देकर, चीन एवं पाकिस्तान को इनकी रेंज में लाकर, दुनिया को चौंका दिया।

एक बार एयरफोर्स के पायलेट के साक्षात्कार में 9वें नम्बर पर आने के कारण (कुल आठ प्रत्याशियों का चयन करना था) उन्हें निराश होना पड़ा था।

वे ऋषिकेश बाबा शिबानन्द के पास चले गए एवं अपनी व्यथा उन्हें सुनाई।

बाबा ने उन्हें कहा :-

Accept your destiny and go ahead with your life. You are not destined to become an Airforce Pilot. What you are destined to become is not revealed now but it is predetermined. Forget this failure, as it was essential to lead you to your existence. Become one with yourself, my son. Surrender yourself to the wish of God.

बाबा शिवानन्द का कहने का अर्थ यह था कि असफलता से निराश होने की आवश्यकता नहीं। यह असफलता आपकी दूसरी सफलताओं के द्वार खोल सकती है। तुम्हें जीवन में कहाँ पहुँचना है, इसका पता नहीं। आप कर्म करो, ईश्वर पर विश्वास करो।

डॉ. कलाम का जीवन, हर उस नवयुवक के लिए आदर्श प्रेरणा स्रोत है, जो अपने जीवन में एक असफलता मिलने पर ही निराश हो जाते हैं। डॉ. कलाम ने अपने सारे जीवन में निःस्वार्थ सेवा कार्य किया। उनका राष्ट्र प्रेम और उनका देशभक्ति का ज़ज्बा हर भारतीय के लिए सबक एवं प्रेरणा का पुंज है और हमेशा रहेगा।

2
महानायक सुभाषचन्द्र बोस

महानायक सुभाषचन्द्र बोस

सुभाषचन्द्र बोस जब बच्चे थे, तो एक दिन माँ के साथ लेटे हुए बिस्तर से उठकर जमीन पर जाकर सो गए। माँ के पूछने पर उन्होंने बताया कि आज अध्यापक जी ने बताया है कि हमारे ऋषि-मुनि जमीन पर सोते एवं कठोर जीवन जीते थे। मैं भी ऋषि बनूंगा। पिताजी ने भी उनकी बात सुनी, तो उन्होंने कहा "मात्र जमीन पर सोना ही पर्याप्त नहीं है, ज्ञान संचय तथा सामाजिक एवं राष्ट्रीय सेवा

में संलग्न होना भी आवश्यक है। अभी तुम छोटे हो, माँ के पास जाकर सो जाओ। बड़े होने पर तीनों काम करना।" सुभाष ने पिता की सलाह की गाँठ बाँध ली।

आईसीएस की परीक्षा पास करने के बाद वह खूब ठाठ-बाट का जीवन व्यतीत कर सकते थे, लेकिन उन्होंने कहा, "मैं अपने जीवन का लक्ष्य निश्चित कर चुका हूँ। मातृभूमि की सेवा करूंगा।"

सुभाष बोस का बलिदान, इस देश के स्वतन्त्रता संग्राम के सेनानियों में पहले नम्बर पर गिना जाता है। ऐसे राष्ट्रभक्त को शत् शत् नमन।

3

डॉ.ग्लेन कनिंघम: दृढ़ संकल्प-शक्ति के महानायक

डॉ.ग्लेन कनिंघम

डॉ.ग्लेन कनिंघम: दृढ़ संकल्प-शक्ति के महानायक

एक बार एक छोटा-सा (8 वर्ष का) बच्चा स्कूल में आग से बुरी तरह जल गया उसकी टाँगें बहुत बुरी तरह से जल गईं थीं। डॉक्टरों ने कहा कि वह कभी चल नहीं पाएगा। उसके पैरों का सारा माँस जल चुका था। अस्पताल से जब वह घर आया,

तो उसकी माँ उसके पैरों की रोजाना मालिश करती और उसे हील चेयर पर घुमाने पास के मैदान में ले जाती। उस बच्चे में बड़ा दृढ़ विश्वास था, उसकी संकल्पशक्ति काबिले तारीफ़ थी। उसे विश्वास था कि चाहे कुछ भी हो, वह चलेगा।

एक दिन जब उसकी माँ उसे ह्वील चेयर पर बैठाकर कहीं चली गई, तो उसने स्वयं को उस चेयर पर से गिरा लिया एवं स्वयं को घसीटना शुरू कर दिया। वह रोजाना ही ऐसा करता रहा और धीरे-धीरे उसके पैरों में कुछ जान आने लगी। वह खड़ा होने लगा, फिर बहुत धीरे-धीरे चलने लगा। फिर सामान्य तरह से चलने लगा। फिर वह दौड़ने लगा।

एक दिन वह अमेरिका का एक मील दौड़ने वाला सबसे तेज धावक बन गया। उसने 1500 मी की दौड़ में विश्व रिकॉर्ड बनाया। वह कोई और नहीं डॉ. ग्लेन कनिंघम थे। कनिंघम की संकल्प-शक्ति को बार-बार नमन है।

4
अभिनव बिन्द्रा

अभिनव बिन्द्रा

अभिनव बिन्द्रा: जिद और जुनून ने दिलाया गोल्ड

ओलम्पिक में भारत को गोल्ड मेडल मिलने से हर भारतवासी खुशी से झूम उठा। बिन्द्रा की ज़िद और जुनून ने उन्हें इस मुकाम पर पहुँचाया है। बैंकॉक में हुए वर्ल्ड शूटिंग चैम्पियनशिप में बिन्द्रा की टीममेट रहीं इण्टरनेशनल शूटर श्वेता चौधरी ने कहा कि बिन्द्रा ने जो कहा, वह कर दिखाया। श्वेता मामूली अन्तर

से ओलम्पिक टीम में जगह बनाने में नाकाम रहीं। श्वेता ने बताया कि बिन्द्रा ओलम्पिक गोल्ड के लिए पिछले चार साल से अनवरत मेहनत कर रहे थे। बिन्द्रा ने जो कहा, वह कर दिखाया।

ऐसे बदली दुनिया, श्वेता बताती हैं कि एथेन्स ओलम्पिक के बाद अभिनव के व्यवहार में चेन्ज आया। एथेन्स ओलम्पिक में पदक हासिल न करने के बाद ही उन्होंने निश्चय कर लिया था कि वह अगला मौका (बीजिंग ओलम्पिक) नहीं गंवाएँगे। एक स्मरण सुनाते हुए श्वेता ने कहा कि बैंकॉक में वर्ल्ड चैम्पियनशिप के दौरान जब भारतीय टीम के अन्य शूटर शाम को शहर घूमने गए थे, बिन्द्रा जिम में एक्सरसाइज कर रहे थे। शायद अभिनव को एथेन्स ओलम्पिक में पदक नहीं जीतने का सदमा ऐसा लगा कि उनके व्यवहार में काफी परिवर्तन आ गया। उसके बाद से वह रिजर्व रहने लगे। इसके पहले वह साथियों के बीच आकर हँसी-मजाक करते थे। इसके बाद वह लगातार विदेशों में जाकर प्रैक्टिस करते रहे।

श्वेता ने बताया कि बिन्द्रा ने स्वयं ही अपने लिए प्राइवेट कोच, पादकलॉजिस्ट व फिजियो नियुक्त किया था। इसके बावजूद, छोटी प्रतियोगिताओं में उनके मेडल न जीतने पर कई बार उनकी आलोचना भी हुई, परन्तु उनको जानने वाले जानते थे कि अभिनव में वह क्षमता है, जो वक्त आने पर बड़ी प्रतियोगिता में अवश्य दिखेगा। उनका टारगेट ओलम्पिक ही था।

5

चिन्ना स्वामी: गोल्फ कैडी

चिन्ना स्वामी: गोल्फ कैडी

बंगलुरु के गोल्फ क्लब में कैडी (अर्थात् खिलाड़ियों के पीछे बैग उठाकर चलने वाले लड़के) का कार्य करने वाले, चिन्ना स्वामी मनियप्पा ने 11 अक्टूबर, 2009 को 12.5 लाख डॉलर की हीरो होण्डा इण्डियन ओपन चैम्पियनशिप जीतकर सभी को अचम्भे में डाल दिया। जब डीएलएफ गुडगाँव गोल्फ क्लब के मैदान पर चिन्ना स्वामी ने दक्षिण कोरिया के प्रतिष्ठित खिलाड़ी ली सुंग को हराया, तो लोग विश्वास न कर सके।

कर्नाटक के चिन्ना स्वामी मनिअप्पा ने बिना किसी कोच के स्वयं की मेहनत एवं लगन के बल पर यह प्रतियोगिता जीतकर यह साबित कर दिया कि लगन निष्ठा एवं आत्मविश्वास से कोई भी लक्ष्य हासिल करना सम्भव है।

चिन्ना स्वामी आज तक कर्नाटक गोल्फ क्लब के सदस्य नहीं हैं। चिन्ना स्वामी के माता-पिता कर्नाटक के उसी गोल्फ मैदान पर दैनिक मजदूर थे, जहाँ आज उनका बेटा गोल्फ की प्रैक्टिस करता है।

चिन्ना स्वामी ने गोल्फ की बारीकियाँ कैडी का कार्य करते-करते सीखीं एवं प्रोफेशनल गोल्फर बने। हमें गर्व है ऐसे भारतीय पर। चिन्ना स्वामी आज हर उस युवक के लिए प्रेरणास्रोत हैं, जो आर्थिक मजबरी को अपनी सफलता के मार्ग की रुकावट समझते हैं।

6
उसैन बोल्ट

उसैन बोल्ट

उसैन बोल्ट: शूज के पैसे भी नहीं थे उसैन बोल्ट के पास

वर्ष 2009 में बर्लिन में हुई विश्व एथलेटिक्स चैम्पियनशिप में उसैन बोल्ट (Usain Bolt) ने 100 M एवं 200 M की रेस में स्वयं का ही विश्व रिकॉर्ड तोड़कर तथा 9.50 एवं 19.19 सेकण्ड्स का नया रिकॉर्ड बनाकर, विश्व को चौंका दिया।

दुनिया के सबसे तेज धावक के बचपन की कहानी, उसी की माँ की जुबानी- यह कहानी उस व्यक्ति की है, जो फर्श से अर्श तक पहुँचा है। कहानी उस व्यक्ति की, जो बचपन में खेलता था क्रिकेट, लेकिन आज धूम मचा रहा है एथलेटिक्स में और बन गया है दुनिया का सबसे तेज दौड़ने वाला। आप उसे उसैन बोल्ट (Usain Bolt) के नाम से जानते हैं, लेकिन मेरे लिए वह मेरा प्रिय बेटा ही है। मेरे पति

वेलेस्ले गाँव में छोटी-सी दुकान चलाते हैं, इसलिए बचपन में उसैन को स्पोर्ट्स शूज नहीं दिला पाए थे। स्कूल प्रबन्धन ने उसे ये जूते दिलाए, जिससे उसकी ट्रेनिंग ने रफ्तार पकड़ी। उसैन का जन्म जमैका के छोटे से गाँव ट्रेलॉनी पेरिश (शेरवुड कन्टेंट) में हुआ, जहाँ स्ट्रीट लाइट्स नहीं थी और पीने का पानी भी नहीं के बराबर था। जहाँ बजुर्ग आज भी गधे पर बैठकर इधर-उधर जाते हैं और लोगों को पीने के पानी के लिए सार्वजनिक नल के सामने घण्टों लाइन लगानी पड़ती है।

उसैन बचपन में हाइपर एक्टिव था। वो जब तीन सप्ताह का था, तो मैं उसे बिस्तर पर लिटाकर कमरे से बाहर चली गई। जब मैं कमरे में आई, तो देखा वो बिस्तर से गिर गया था, लेकिन उस पर चढ़ने की कोशिश में जुटा हुआ था। उसी समय मुझे लग गया था कि यह साधारण बच्चा नहीं है। उसका जन्म तय समय से डेढ़ सप्ताह बाद हुआ था। मुझे लगता है। उसकी रफ्तार सिर्फ उसी समय धीमी रही होगी। मेरे पिता ने सबसे पहले यह नोट किया कि इस बच्चे में कुछ खास बात है। उसके बाद से मैंने उसैन के खान-पान पर ध्यान देना शुरू किया। हमने उसैन का एडमिशन विलियम निब स्कूल में कराया था। वहाँ की प्रिन्सिपल लोन थोप ने कुछ दिन बाद हमें बताया कि हमारा बेटा खेलों में बहुत अच्छा है, इसलिए उसकी ट्रेनिंग का ध्यान भी स्कूल ही रखेगा। बीजिंग में जब उसैन चैम्पियन बना, तो थोपें की खुशी देखने लायक थी। बीजिंग ओलम्पिक में रिकॉर्ड बनने के बाद, उस सफलता के बाद गाँव पर खूब पैसा बरसा। – माँ (जेनिफर बोल्ट)

7
न्यूटन

न्यूटन

न्यूटन: विषमताओ में भी सफल होते हैं, महान् व्यक्तित्व के धनी

एक बच्चे का जन्म, अपने पिता की मृत्यु के तीन माह बाद हुआ। इस बच्चे का जन्म, समय से पूर्व (Prematurely) हुआ। जन्म के समय वह बच्चा बहुत कमजोर था। जब वह मात्र तीन वर्ष का था, तो उसकी माँ ने दूसरी शादी कर ली एवं बच्चे को उसकी नानी के पास पालन-पोषण हेतु छोड़ दिया। गाँव के स्कूल में बच्चा पढ़ने लगा। जब वह 15 वर्ष का ही था, तो उसके सौतेले पिता का देहान्त हो गया। बच्चे की माँ वापस आ गई एवं उसने बच्चे की पढ़ाई छुड़वाकर उसे खेत में कार्य करने को कहा। बच्चे को खेत में काम करना पसन्द नहीं था। इस समय

हाईस्कूल के एक अध्यापक ने उसकी सहायता की और वह पुनः स्कूल जाने लगा।

19 वर्ष की उम्र में उसे एक लड़की से प्यार हो गया और उसने उससे शादी कर ली, लेकिन बहुत जल्दी ही वह लड़की उसे छोड़कर चली गई। इसके बाद उस लड़के ने कभी शादी नहीं की। जन्म से ही दुर्भाग्यशाली उस बच्चे को जीवन में हर क्षेत्र में विषमताओं का सामना करना पड़ा। आप सोच सकते हैं। कि वह बच्चा जीवन में क्या कर सकता है?

यह बच्चा बड़ा होकर विश्व प्रसिद्ध वैज्ञानिक 'न्यूटन' के रूप में विख्यात हुआ, जिसने गुरुत्वाकर्षण के नियमों का प्रतिपादन किया।

8

चन्द्रप्रभा अटवाल

चन्द्रप्रभा अटवाल: अड़सठ की उम्र में हिमालय जीता

उत्तरकाशी की चन्द्रप्रभा अटवाल ने कायम की मिसाल, 6133 मी ऊँची चोटी श्रीकंठ पर लहराया तिरंगा। उत्तरकाशी की 68 वर्षीय चन्द्रप्रभा अटवाल पहाड़ों की गोद में खेलकर बड़ी हुई और होश सम्भालने पर इन्हीं से दिल लगा बैठीं। उम्र के इस पड़ाव में भी चन्द्रप्रभा के हौसले इतने बुलन्द हैं कि उन्होंने हिमालय की 6133 मी ऊँची चोटी श्रीकंठ पर तिरंगा फहराकर मिसाल कायम की है।

आठ महिला पर्वतारोहियों के दल का नेतृत्व करने वाली चन्द्रप्रभा को पहाड़ों से इस कदर मोह हो गया कि उन्होंने शादी भी नहीं की। पर्वतारोहण का 40 साल का अनुभव रखने वाली चन्द्रप्रभा ने कई अन्य देशों में पर्वतारोहण किया है।

इस पर्वतारोही ने नेपाल, चीन, जापान में पहाड़ों की ऊँचाई नापी है। चन्द्रप्रभा को माउण्ट एवरेस्ट पर तिरंगा नहीं फहरा पाने का मलाल आज भी है। उन्होंने बताया कि वे तीन बार एवरेस्ट मिशन के लिए चुनी गईं, लेकिन वे इन्हें पूरा नहीं कर पाईं।

9
विल्मा रूडोल्फ

विल्मा रूडोल्फ

विल्मा रूडोल्फ का जन्म एक गरीब परिवार में हुआ था। जब वे मात्र चार वर्ष की थीं, तो उन्हें भयंकर निमोनिया एवं ज्वर हो गया, जिससे उन्हें पोलियो हो गया। डॉक्टर ने उन्हें पैर में 'ब्रेस' पहना दिया और कहा कि अब वे कभी पैर से नहीं चल सकेंगी। विल्मा की माँ उन्हें हमेशा प्रोत्साहित करती रहती और उन्हें ईश्वर प्रदत्त योग्यता का उपयोग करने एवं हिम्मत से काम लेने हेतु उत्साहित करती रहती थी। विल्मा रूडोल्फ बहुत हिम्मत वाली लड़की थी। हार मानना तो जैसे वह जानती ही न थी। नौ वर्ष की उम्र में, डॉक्टरों की सलाह के विपरीत, उन्होंने अपने पैर से ब्रेस उतार दिए एवं धीरे-धीरे पैरों पर चलना शुरू किया।

13 वर्ष की उम्र में दौड़ में हिस्सा लिया। वह दौड़ में बार-बार पराजित हुई, लेकिन एक दिन ऐसा भी आया, जब वह प्रथम आई।

15 वर्ष की उम्र में वह Tennessee State University गई। वहाँ वह एक Temple नामक कोच से मिली, उन्होंने कोच से कहा कि मैं दुनिया की सबसे तेज धाविका बनना चाहती हूँ। कोच ने उनकी लगन, निष्ठा एवं दृढ़ संकल्प को देखते हुए, कहा कि "तुम्हें कोई नहीं रोक सकता और इसमें मैं तुम्हारी सहायता करूंगा, तुम्हें ट्रेनिंग दूंगा।"

वह दिन भी आया, जिसका विल्मा रूडोल्फ को बेसब्री से इन्तजार था। वह 1960 के ओलम्पिक खेलों में हिस्सा ले रही थी। विल्मा का मकाबला जुता हायने (Jutta Heine) नामक धाविका से था, जो कभी हारी ही नहीं थी।

पहली दौड़ 100 मी की थी। विल्मा ने जुत्ता को पराजित किया एवं अपना प्रथम स्वर्ण पदक जीता।

दूसरी दौड़ 200 मी की हुई, उसमें भी विल्मा ने जुत्ता को पराजित किया एवं अपना दूसरा स्वर्ण पदक जीता।।

तीसरी दौड़ 400 मी की बेटन रिले रेस थी। यहाँ भी वह जुत्ता हायने के मुकाबले में थी। इस दौड़ में सबसे तेज धावक को सबसे अन्त में रखा जाता है। यहाँ तीन धावकों के दौड़ने के बाद जब बेटन विल्मा को दिया गया, तो बेटन, विल्मा के हाथ से गिर गया, लेकिन जैसे ही विल्मा ने जुत्ता को दौड़ते हुए देखा, उसने तुरन्त बैटन उठाया और अविश्वसनीय गति से मशीन की तरह दौड़ लगा दी।

इस तरह उसने तीसरा स्वर्ण पदक भी अपने नाम किया। यह ऐतिहासिक घटना थी। विल्मा ने इतिहास रच दिया था। उसने दुनिया की सबसे तेज दौड़ने वाली महिला बनने का सपना साकार कर लिया।

अपंग महिला का यह कारनामा इतिहास में दर्ज है एवं जीतने की इच्छा रखने वालों के लिए एक शानदार प्रेरणापूँज है। यह उन लोगों के लिए सबक है, जो अपनी असफलता के न जाने कितने बहाने बताते हैं, परिस्थितियों को दोष देते हैं। सफलता हिम्मती, साहसी और संकल्पित लोगों की दासी है, यह सिद्ध किया विल्मा रूडोल्फ ने। विल्मा रूडोल्फ को शत्-शत् नमन।

10
कर्नल साण्डर्स

कर्नल साण्डर्स

कर्नल साण्डर्स: सातवीं कक्षा तक पढ़े कर्नल ने दुनिया में KFC की चेन शुरू की

कर्नल साण्डर्स (Colonel Sanders), जिनका पूरा नाम हारलैण्ड डेविड साण्डर्स (Harland David Sanders) था। एक अमेरिकन व्यवसायी थे, जिन्होंने KFC

(Kentucky Fried Chicken) उत्पादकों की चेन सारी दुनिया में फैलाई। साण्डर्स जब 5 वर्ष के ही थे, तो उनके पिता का देहान्त हो गया, चूंकि उनकी माँ नौकरी पर जाती थी, तो घर का खाना उन्हें ही पकाना होता था। जब वे 7वीं कक्षा में थे, तो उन्हें पढ़ाई छोड़नी पड़ी। जब उनकी माँ ने दूसरी शादी कर ली तो साण्डर्स घर से भाग गए। जीवन की शुरूआत में साण्डर्स को बहुत संघर्ष करना पड़ा। कभी स्टीम बोट में नौकरी की, तो कभी इंश्योरेंस में सेल्समैन का कार्य किया, तो कभी रेलरोड में फायरमैन का कार्य किया।

16 वर्ष की उम्र में (अपनी उम्र को गलत बताकर) वे आर्मी में भरती होकर क्यूबा में नौकरी करते रहे। 40 वर्ष की उम्र में साण्डर्स चिकन बनाते थे एवं जो उनके सर्विस स्टेशन पर रुकते, उनके लिए वे चिकन काम आते। उस समय उनके पास कोई रेस्तराँ नहीं था। चिकन की गुणवत्ता के कारण शीघ्र ही उसकी बिक्री बढ़ने लगी और वे 142 सीट वाले होटल में मुख्य कुक (Chef) की तरह कार्य करने लगे। वहाँ उन्होंने चिकन पकाने का नया तरीका Pressure Fryer ईजाद किया।

वर्ष 1935 में गवर्नर रूबी लफून (Ruby Laffoon) द्वारा उन्हें Kentucky Colonell की उपाधि दी गई। अब धीरे-धीरे कर्नल साण्डर्स का KFC चिकन बहुत प्रसिद्ध हो गया। वर्ष 1964 में कर्नल ने KFC Corporation का हिस्सा 2 मिलियन डॉलर्स में बेच दिया। कर्नल ने कनाडा में अपनी फ्रेंचाइजी बेची एवं खूब धन कमाया।

यह कहानी बताती है कि अपनी उच्च क्वालिटी एवं कड़ी मेहनत से आप अत्यन्त कठिन परिस्थितियों में भी बहुत बड़ी सफलता अर्जित कर सकते हैं।

11
संजय अखाडे

संजय अखाडे: दृढ़ निश्चय की जीती-जागती मिसाल

कुली पिता और बीड़ी बनाने वाली माँ के लाडले संजय अखाडे ने तय किया आईएएस अधिकारी बनने का सफर। किसी चीज को पाने के लिए यदि पूरी शिद्दत के साथ कोशिश की जाए, तो मानकर चलिए कि आपको कामयाब होने से कोई भी नहीं रोक सकता, इसका उदाहरण है संजय अखाडे। महाराष्ट्र के नासिक जिले के संजय अखाडे, घोर विपन्नता के बावजूद आईएएस बनने में कामयाब रहे।

नासिक के मखमलाबाद रोड की तंग गलियों में बने एक घर की चाहरदीवारी में कुली के बेटे के रूप में जन्मे मेधावी संजय अखाडे। माँ महीने के तीसों दिन आधे पेट रहकर फैक्ट्री में बीड़ी बनाती, तब उम्मीद बन्धती कि कम-से-कम बच्चे चाय में डुबोकर डबल रोटी तो खा ही लेंगे। पिता का कोई कसूर नहीं स्टेशन पर कुली का काम कर रहे व्यक्ति को आखिर मिलता ही क्या है?

दूसरों के थैले और बोरियाँ उठाते-उठाते वह यह भी भूल जाता कि देर हुई, तो उसके बच्चे आज भी भूखे पेट ही सोएँगे। माता-पिता की ऐसी हालत देख संजय बचपन से ही मजदूरी करने लगे।

कई सालों तक संजय ने होटलों में टेबिल साफ करके, मेडिकल की दुकान पर काम करके, अखबार बाँटकर और एसटीडी की दुकान पर बैठकर अपने पिता का साथ दिया। पिता ने स्कूल में भी डाला तो केवल इस मकसद से कि वे दिनभर की मिली मजदूरी को गिन सकें, लेकिन संजय तो जैसे बने ही कुछ खास बनने के लिए थे। स्कूल में मन लगाकर पढ़ते और बाकी बचे वक्त में मजदूरी कर खुद

का पेट पालते। वे खाने, पहनने, रहने में जरूर लोगों से पीछे रहे, लेकिन पढ़ने में सबसे अव्वल रहे। हर कक्षा में उनका पहला स्थान पक्का रहता था। संजय मराठी के अतिरिक्त कोई अन्य भाषा नहीं जानते थे। ऐसे में सुबह अखबार बाँटने के बाद बचे हुए अंग्रेजी अखबारों को पढ़कर उन्होंने अपनी अंग्रेजी सुधारी। मुसीबतों से जूझते हुए संजय स्नातक तक की पढ़ाई पूरी करके प्रतियोगी परीक्षाओं की तैयारी में जुट गए। सारा दिन मजदूरी करने के बाद जो वक्त मिलता, संजय उसका पूरी ईमानदारी के साथ पढ़ाई में इस्तेमाल करते। बकौल संजय, 'मैंने संघर्ष के दिनों में एक मिनट भी बरबाद नहीं की।

मै जानता था कि अगर मैंने वक्त की कीमत नहीं पहचानी, तो वक्त भी मझे नहीं पहचानेगा। संजय कहते हैं, "शुरू-शुरू में मैं हीन भावना से ग्रसित था न मैं देखने में अच्छा था और न मेरी पारिवारिक पृष्ठभूमि मजबूत थी और न ही मुझे अंग्रेजी बोलनी आती थी। ऐसे में मैं होशियार छात्रों का सामना कर पाऊँगा? लेकिन ज्यों-ज्यों मैं पढ़ाई करता गया, मेरे आत्मविश्वास के आगे सारी कमियाँ न जाने कहाँ गायब हो गईं।

इसी दौरान संजय को मार्गदर्शक के रूप में पुणे के आईएएस अविनाश धर्माधिकारी मिले। उन्होंने संजय का न केवल हौसला बढ़ाया, बल्कि कोचिंग भी कराई। संजय की मेहनत और अविनाश का मार्गदर्शन रंग लाया। इस साल की संघ लोकसेवा आयोग परीक्षा में सफल प्रत्याशियों की सूची में एक नाम संजय का भी था। संजय को यह सफलता चौथे प्रयास में मिली। अब वे आईएएस बन चुके हैं।

संजय कहते हैं, हालात कितने ही बुरे हों, कितनी गरीबी हो। इसके बाद भी यदि आपकी विल पावर मजबूत हो, आपको हर हाल में सफल होने की सनक हो, तो दुनिया की कोई ताकत आपको कामयाबी का वरण करने से नहीं रोक सकती।"

इसलिए मित्रों! उठो, जागो और तब तक चैन से मत बैठो, जब तक तुम कामयाब न हो जाओ।

12
वर्नर हाइजेनबर्ग

वर्नर हाइजेनबर्ग

बीसवीं शताब्दी के महान् भौतिकविद् वर्नर हाइजेनबर्ग (1901-1976) जर्मन सैद्धान्तिक भौतिकशास्त्री थे, उन्होंने क्वाण्टम मैकेनिक्स के क्षेत्र में अभूतपूर्व योगदान दिया। क्वाण्टम भौतिकी में प्रयुक्त किया जाने वाला अनिश्चितता का सिद्धान्त उन्होंने ही प्रतिपादित किया था। नाभिकीय भौतिकी, क्वाण्टम फील्ड थ्योरी और आर्टिकल थ्योरी के क्षेत्र में भी उन्होंने अनेक नियमों, संकल्पनाओं और सिद्धान्तों को अन्वेषित किया।

वर्नर हाइजेनबर्ग उन्नीस साल की उम्र में एक स्कूल में गेटकीपर की नौकरी करते थे, उन्हें पढ़ने का शौक था और वे स्कूल की लाइब्रेरी से पढ़ने के किताबें ले लिया करते थे, एक बार उन्हें प्राचीन यूनानी दार्शनिक प्लेटो की पुस्तक 'तिमैयस' मिल गई, जिसमें प्लेटो ने परमाणुओं एवं पदार्थ से सम्बन्धित अपने सिद्धान्त प्रस्तुत किए थे। मामूली शिक्षा प्राप्त वर्नर हाइजेनबर्ग को इस किताब को पढ़ते-पढ़ते भौतिकी में इतनी रुचि हो गई कि उन्होंने इसका विधिवत् अध्ययन करने की ठान ली।

इसके बाद जो हुआ, वह शिक्षा और प्रतिभा में अनुपम उदाहरण के रूप में हमेशा याद रखा जाएगा। वर्नर हाइजेनबर्ग ने भौतिकी का इतना विशद् अध्ययन किया कि मात्र 23 वर्ष की उम्र में वे महान् भौतिकीशास्त्री मैक्स प्लांक के सहायक के रूप में नियुक्त हो गए। 26 वर्ष की उम्र में वे लीपिंजग में भौतिकी के प्रोफेसर बन गए।

32 वर्ष की उम्र में उन्हें पिछले कुछ वर्षों के दौरान भौतिकी के क्षेत्र में किए गए उल्लेखनीय कार्यों के लिए नोबेल पुरस्कार मिल गया।

13 वर्ष की छोटी अवधि में एक गेटकीपर से नोबेल पुरस्कार विजेता तक का सफर तय करने की मिसाल दुनिया में और कोई नहीं है। एक किताब से प्रेरणा पाकर एक साधारण नवयुवक कितनी ऊँचाइयों तक पहुँच सकता है, वर्नर हाइजेनबर्ग की यह कहानी हमें यही बताती है।

13
फोर्ड मोटर के मालिक: हेनरी फोर्ड

हेनरी फोर्ड

फोर्ड मोटर के मालिक: हेनरी फोर्ड

फोर्ड मोटर के मालिक हेनरी फोर्ड दुनिया के चुनिन्दा धनी व्यक्तियों में शुमार किए जाते थे, उनकी गाड़ी की प्रशंसा दुनिया भर में होती थी। एक बार एक भारतीय उद्योगपति भारत में मोटर कारखाना लगाने से पहले फोर्ड से सलाह करने अमेरिका गए। भारतीय उद्योगपति ने अमेरिका पहुँचकर हेनरी फोर्ड से

मिलने का समय माँगा।

फोर्ड ने कहा, "दिन में मैं आपके लिए अधिक समय नहीं निकाल पाऊँगा, इसलिए आप शाम छह बजे आ जाइए।" भारतीय उद्योगपति उनके घर पहुंचे। वहाँ एक आदमी बर्तन साफ कर रहा था। उन्होंने उससे कहा, 'मुझे हेनरी साहब से मिलना है।' वह आदमी उन्हें बैठक में बैठाकर अन्दर चला गया।

थोड़ी देर बाद उसने उनके सामने आकर कहा, "तो आप हैं वह भारतीय उद्योगपति। मुझे हेनरी कहते हैं।"

भारतीय उद्योगपति को असमंजस में देखकर हेनरी ने कहा, "लगता है आपको मेरे हेनरी होने पर सन्देह हो रहा है। भारतीय उद्योगपति ने सकपका कर कहा, "हाँ सर, अभी आप को एक नौकर का काम करते देखकर ताज्जुब हुआ इतनी बड़ी कम्पनी के मालिक को बर्तन साफ करते हुए देखकर किसी को भी भ्रम पैदा हो सकता है। यह काम तो नौकरों का है।"

हेनरी ने कहा, "शुरूआत में मैं भी एक साधारण इन्सान था। अपना काम खुद करता था। अपने हाथ से किए गए कठोर परिश्रम का ही फल है कि आज मैं फोर्ड मोटर का मालिक हूँ। मैं अपने अतीत को भूल न जाऊँ और मुझे लोग बड़ा आदमी न समझने लगे, इसलिए मैं अपने सभी काम अपने हाथ से करता हूँ। अपना काम करने में मुझे किसी तरह की शर्मिन्दगी और झिझक नहीं होती।"

भारतीय उद्योगपति उठ खड़े हो गए और बोले, "सर! अब मैं चलता हूँ। मैं जिस मकसद से आपके पास आया था, वह एक मिनट में ही पूरा हो गया। मेरी समझ में आ गया कि सफलता की कुंजी दूसरों पर भरोसा करने में नहीं, स्वयं पर भरोसा करने में है।"

14

फ्लोरेन्स चैडविक

फ्लोरेन्स चैडविक

फ्लोरेन्स चैडविकः लक्ष्य पर दृष्टि और मन में आत्मविश्वास

4 जुलाई, 1952 को फ्लोरेन्स चैडविक 'कैटेलिना चैनल' को तैरकर पार करने वाली पहली महिला बनने जा रही थी। इंग्लिश चैनल पर वह पहले ही विजय प्राप्त कर चुकी थी। पूरी दुनिया उसके इस करिश्मे को देख रही थी। हड्डियाँ जमा देने वाले ठण्डे पानी में कोहरे को चीरती हुई फ्लोरेन्स आगे बढ़ रही थी, वहाँ शार्कों का खतरा

भी था।

फ्लोरेन्स ने हार मान ली। बाद में उसे यह जानकर बड़ा दुःख हुआ कि वह सागर तट से सिर्फ आधा मील दूर थी। फ्लोरेन्स ने हार इसलिए नहीं मानी कि वह वाकई तैरते-तैरते थक गई थी, बल्कि इसलिए कि उसे अपना लक्ष्य नहीं दिख रहा था।

इस बात को लेकर फ्लोरेन्स ने कोई बहाना नहीं बनाया। उसने कहा-"मैं झूठ नहीं बोलूंगी..... यदि मुझे जमीन धुंधली-सी भी दिख जाती, तो में तैर गई होती।

दो महीने बाद वह वापस कैटेलिना चैनल की ओर आई। इस बार पहले से बुरे मौसम के बाद भी उसने न केवल चैनल को पार करने वाली पर महिला बनने का खिताब पाया, बल्कि पुरुषों के रिकॉर्ड को भी दो घण्टे के बड़े अन्तर से पीछे कर दिया।

15
करसन भाई पटेल

करसन भाई पटेल: गरीबी से सम्पन्नता की यात्रा

एक मध्यम वर्गीय किसान परिवार में जन्मे करसन भाई पटेल का जन्म गुजरात के मेहसाना कस्बे में हुआ, उन्होंने अपना जीवन गुजरात के खान विभाग में लैब एसिस्टेन्ट की नौकरी से शुरू किया। वर्ष 1969 में जब करसन भाई की उम्र मात्र 25 वर्ष थी, उन्होंने घर में ही एक लघु उद्योग स्थापित किया, जिसमें उन्होंने डिटरजेन्ट बनाना शुरू किया।

यह ऐसा समय था, जब बाजार में विदेशी कम्पनियों के ही डिटरजेण्ट मिला करते थे और किसी भारतीय उद्योग द्वारा डिटरजेण्ट बनाने की कल्पना भी न की जा सकती थी।

करसन भाई घर-घर जाकर तीन रुपये प्रति किलो की दर से निरमा डिटरजेण्ट बेचा करते थे। उन्होंने निरमा नाम अपनी बेटी निरूपमा के नाम से लिया। निरमा पाउडर ने डिटरजेण्ट पाउडर की दुनिया में तहलका मचा दिया। व्यक्ति से शुरू इस उद्योग में आज करसन भाई के पास 15000 व्यक्तियों का समूह है। आज निरमा का वार्षिक टर्न ओवर 35500 करोड़ से अधिक है।

करसन भाई हर उस व्यक्ति के लिए सदैव प्रेरणा के स्रोत रहेंगे, जो जीवन में कड़ी मेहनत करके कुछ करने की इच्छा रखते हैं।

फोर्ब्स पत्रिका के अनुसार, सन् 2005 में करसन भाई की कुल पूँजी 640 मिलियन डॉलर थी।

16
प्रकाश कँवर

प्रकाश कँवर: अनपढ़ माँ की जिद ने अपनी बेटी को बनाया आईएएस

प्रकाश कँवर को अपने अनपढ़ होने का मलाल था, लेकिन साधारण परिस्थिति में गुजर-बसर करते हुए आज अपनी बेटी डॉ. रतनकँवर गढ़वी चारण (24) को आईएएस बना देखकर वे गौरवान्वित हैं।

रतनकँवर ने पहले अपनी मेहनत से एमबीबीएस की डिग्री हासिल की और यूपीएससी की परीक्षा में 124वीं रैंक हासिल करने में कामयाब रही। रतनकुँवर बचपन से ही पढ़ाई में होशियार रही है। दसवीं और बारहवीं की परीक्षाओं में उसने 91% से अधिक अंक प्राप्त किए। रतनकावर ने एमबीबीएस करने के बाद आईएएस बनने की ठानी। रतनकँवर का कहना है कि आईएएस बनकर उसने माँ की वर्षों पुरानी इच्छा पूरी कर दी है।

रतनकँवर ने भी अपनी सफलता का श्रेय माँ को देते हुए बताया, "डॉक्टर बनने के पहले और यूपीएससी की परीक्षा की तैयारी के दौरान, ऐसा लगता था, जैसे माँ को ही परीक्षा देनी है। वे मेरे साथ पूरी रात जागती रहती थीं।"

17

नरेश गोयल

नरेश गोयल: जेट एयरवेज के चेयरमैन

23 दिसम्बर, 1950 को जन्मे नरेश गोयल ने अपने जीवन में बहुत संघर्ष किया है। नरेश गोयल को स्कूल जाने के लिए कई मील पैदल चलना पड़ता था, क्योंकि उस समय उनके पिता की आर्थिक स्थिति साइकिल खरीदने की नहीं थी। गोयल ने अपना जीवन अपने मामा की कम्पनी में से 300 प्रतिमाह की कैशियर की नौकरी से शुरू किया। आज उनकी कुल पूँजी 8100 करोड़ की ऑकी जाती है।

नरेश गोयल ने कभी भी अपने पुराने समय को नहीं भुलाया। वे जीवन में बहुत विनम्र एवं संयमित हैं। वर्ष 1967 में कॉमर्स से स्नातक करने के बाद उन्होंने लेबनीज एयरलाइन्स में सेल्स एजेण्ट की तरह कार्य करना शुरू किया।

वर्ष 1967 में इराकी एयरवेज में पब्लिक रिलेशन ऑफिसर एवं 1971 से 1974 तक जॉर्डन एयरलाइन्स में रीजनल मैनेजर के पद पर कार्य किया। इस तरह कई एयरलाइन्स में कार्य अनुभव प्राप्त करने के बाद 1992 में नरेश गोयल ने जेट एयरवेज को शुरू करके, अपने जीवन के सपने को पूरा किया। जीवन के इस मुकाम तक पहुँचने वाले गोयल, उन सभी नवयुवकों के प्रेरणा स्रोत हैं, जो परिस्थितिवश अपना जीवन बहुत छोटे स्तर से शुरू कर पाते हैं।

नरेश गोयल ने हमेशा बड़े सपने देखे और उन्हें पूरा करने हेतु खूब मेहनत से संघर्ष भी किया एवं सफल हुए।

18

सुब्रोतो राय

सुब्रोतो राय: सहारा ग्रुप के चेयरमैन

सुब्रोतो राय का जन्म 10 जून, 1947 में बिहार के एक गाँव अररिया में हुआ। सुब्रोतो राय ने वर्ष 1978 में तीन व्यक्तियों की टीम के साथ एक पैरा बैंकिंग व्यवसाय मात्र 43 डॉलर की रकम से शुरू किया। आज सहारा ग्रुप कम्पनियों की कुल पूँजी लगभग 50 बिलियन डॉलर की आँकी जाती है। आज सहारा समूह मनोरंजन, मीडिया, प्रोपर्टीज एवं हवाई यात्रा जैसे विभिन्न महत्त्वपूर्ण क्षेत्रों में अपना अच्छा दखल रखता है।

सुब्रोतो राय की सफलता की कहानी योजनाबद्ध कार्यकुशलता, उच्च प्रबन्धन क्षमता एवं लक्ष्य निर्धारण कर उस दिशा में अपनी क्षमता एवं योग्यता को लगाकर, सफलता की बुलन्दियों पर पहुँचने की है।

19
सर एम विश्वेश्वरैया

सर एम विश्वेश्वरैया: ईमानदारी एवं कर्मठता की प्रतिमूर्ति

सर एम. विश्वेश्वरैया को लोग सर एमवी के नाम से जानते, पहचानते थे। उनका जन्म 15 सितम्बर, 1860 को पुराने मैसूर राज्य के गाँव मुदेनहाली (Muddenahalli) में हुआ था। उनके पिता श्रीनिवास शास्त्री संस्कृत के विद्वान् थे, उनकी माता एक धार्मिक महिला थी।

पढ़ाई में प्रारम्भ से ही मेधावी रहे सर एमवी ने अपना कैरियर नासिक में सहायक इन्जीनियर की तरह शुरू किया। उन्होंने सिन्धु नदी से सुक्कु कस्बे को पानी सप्लाई का तरीका ईजाद किया। उन्होंने पानी को व्यर्थ बहने से रोकने हेतु बाँध पर स्टील के दरवाजे लगवाए। कृष्णा राज सागर बाँध का डिजाइन भी सर एमवी ने ही तैयार किया। वह पूरी तरह ईमानदार एवं सचरित्र व्यक्तित्व के धनी थे।

वर्ष 1912 में मैसूर के महाराजा ने उन्हें दीवान नियुक्त करने की पेशकश की। इस नियुक्ति को स्वीकार करने से पूर्व उन्होंने अपने सभी रिश्तेदारों को रात्रिभोज पर आमन्त्रित किया और सभी से स्पष्ट कहा कि वह दीवान के पद को तब ही स्वीकार करेंगे, जब आप मुझे यह आश्वासन देंगे कि कोई मुझसे पक्षपातपूर्ण कार्य हेतु आग्रह नहीं करेगा।

मैसर के दीवान के रूप में उन्होंने बहुत शानदार कार्यों को अन्जाम दिया। चन्दन तेल की फैक्टरी, स्टील फैक्टरी, मेटल फैक्टरी, भद्रावती आयरन एवं स्टील फैक्टरी उन्हीं के समय में स्थापित हुईं। वर्ष 1955 में उन्हें भारत रत्न से नवाजा

गया। ऐसे महान् व्यक्तित्व ईमानदारी एवं कर्मठता की अनूठी मिसाल हैं एवं सभी के लिए प्रेरणास्रोत हैं।

20
मेघनाद साहा

मेघनाद साहा: महान् वैज्ञानिक

6 अक्टूबर, 1883 को साहा का जन्म ढाका (जो अब बांग्लादेश में है) जिले के एक छोटे से गाँव में हुआ था। उनके पिता एक परचून की दुकान चलाते थे। उनका परिवार काफी गरीब था। मेघनाद साहा की, स्कूल की फीस इत्यादि की पूर्ति एक स्थानीय डॉक्टर अनन्ता दास द्वारा की जाती थी।

साहा शुरू से ही बहुत मेहनतकश एवं मेधावी छात्र थे। कलकत्ता यूनिवर्सिटी की प्रवेश परीक्षा में वर्ष 1909 में साहा ने पूर्वी बंगाल में सभी छात्रों में प्रथम स्थान प्राप्त किया। एस्ट्रोफिजिक्स के क्षेत्र में मेघनाद साहा ने बहुत शानदार एवं सराहनीय कार्य किया।

1947 में उन्होंने 'न्यूक्लीयर फिजिक्स इन्स्टीट्यूट' की स्थापना की, जिसे बाद में 'साहा इन्स्टीट्यूट ऑफ न्यूक्लीयर फिजिक्स' के नाम में परिवर्तित कर दिया गया।

एक गरीब परिवार में जन्म लेने के बाद भी मेघनाद साहा, अपनी संकल्पशक्ति, प्रबल आत्मविश्वास एवं कठिन मेहनत के कारण देश के महान् वैज्ञानिकों में गिने जाते हैं। उनका निधन वर्ष 1956 में हृदयगति रुक जाने से अचानक हुआ।

21
महान् गणितज्ञ रामानुजन: धुन के पक्के

रामानुजन

महान् गणितज्ञ रामानुजन: धुन के पक्के

रामानुजन का जन्म एक गरीब परिवार में 22 दिसम्बर, 1807 को तमिलनाडु के इरोड़ कस्बे में हुआ था। उनके पिता एक साड़ी की दुकान पर क्लर्क का काम करते

थे। रामानुजन के जीवन पर उनकी माँ का बहुत प्रभाव था। जब वे 11 वर्ष के थे, तो उन्होंने SL Loney द्वारा लिखित गणित की किताब की पूरी मास्टरी कर ली थी। गणित का ज्ञान तो जैसे उन्हें ईश्वर के यहाँ से ही मिला था। 14 वर्ष की उम्र में उन्हें मेरिट सर्टीफिकेट्स एवं कई अवार्ड मिले।

वर्ष 1904 में जब उन्होंने टाउन हाईस्कूल से स्नातक पास की, तो उन्हें के. रंगनाथा राव पुरस्कार, प्रधानाध्यापक कृष्ण स्वामी अय्यर द्वारा प्रदान किया गया।

वर्ष 1909 में उनकी शादी हुई, उसके बाद वर्ष 1910 में उनका एक ऑपरेशन हुआ। घरवालों के पास उनके ऑपरेशन हेतु पर्याप्त राशि नहीं थी। एक डॉक्टर ने उनका मुफ्त में यह ऑपरेशन किया था। इस ऑपरेशन के बाद रामानुजन नौकरी की तलाश में जुट गए। वे मद्रास में जगह-जगह नौकरी के लिए घूमे। इसके लिए उन्होंने ट्यूशन भी किए। वे पुनः बीमार पड़ गए।

इसी बीच वे गणित में अपना कार्य करते रहे। ठीक होने के बाद, उनका सम्पर्क नेलौर के जिला कलेक्टर-रामचन्दर राव से हुआ। वह रामानुजन के गणित में कार्य से बेहद प्रभावित हुए। उन्होंने रामानुजन की आर्थिक मदद भी की। वर्ष 1912 में उन्हें मद्रास में चीफ अकाउण्टेंट के ऑफिस में क्लर्क की नौकरी भी मिल गई। वे ऑफिस का कार्य जल्दी पूरा करने के बाद, गणित का रिसर्च करते रहते, इसके बाद वे इंग्लैण्ड चले गए। वहाँ उनके कार्य को खूब प्रशंसा मिली। उनके गणित के अनूठे ज्ञान को खूब सराहना मिली।

वर्ष 1918 में उन्हें ट्रिनिटी कॉलेज कैम्ब्रिज का फेलो (Fellow of Trinity College Cambridge) चुना गया। वह पहले भारतीय थे, जिन्हें इस सम्मान (Position) के लिए चुना गया।

बहुत मेहनती एवं धुन के पक्के थे। कोई भी विषम परिस्थिति, आर्थिक कठिनाइयाँ, बीमारी एवं अन्य परेशानियाँ उन्हें अपनी 'धुन' से नहीं डिगा सकीं। वे अन्ततः सफल हुए।

आज उन्हें विश्व के महान् गणितज्ञों में शुमार किया जाता है। 32 वर्ष की छोटी उम्र में ही इस प्रतिभाशाली व्यक्ति का देहावसान हो गया। दुनिया ने एक महान गणितज्ञ को खो दिया।

22

ब्रह्मचारिणी कमलाबाई

ब्रह्मचारिणी कमलाबाईः कर्मठता एवं जीवन्तता की मिसाल

राजस्थान के नागौर जिले के कुचामन कस्बे में सन् 1923 में जन्मी कमलाबाई की जीवन कथा आत्मविश्वास, स्वाभिमान एवं संघर्षों की ऐसी प्रेरणास्पद कथा है, जो हर महिला, पुरुष को विषम परिस्थितियों में कर्मठता एवं जीवन्तता बनाए रखने हेतु प्रेरित करती है।

12 वर्ष की उम्र में शादी एवं दो वर्ष बाद विधवा होने पर कमलाबाई को भाग्य ने बहुत भयानक त्रासद स्थिति में लाकर खड़ा कर दिया। फिर वह पूरी तरह अनपढ़ थी। क्या करें, क्या नहीं करें? कोई सहारा नजर नहीं आ रहा था।

कमलाबाई, श्री महावीर मुमुक्षा महिला आश्रम (महिलाओं हेतु एक अनाथालय) के साथ जुड गईं। वहाँ उन्होंने लिखना, पढ़ना सीखा। भारतीय संस्कृति एवं इतिहास को मन से पढ़ा। पढ़ते-पढ़ते, उनके अन्दर पिछड़े इलाकों में लड़कियों एवं महिलाओं को पढ़ाने एवं उन्हें पढ़ने के लिए प्रेरित करने हेतु आन्तरिक इच्छा जाग्रत हुई।

तीस वर्ष की उम्र में उन्होंने आदर्श महिला विद्यालय शुरू किया, जिसमें शुरू में मात्र 6 लड़कियों ने प्रवेश लिया। आज उस विद्यालय में 2000 छात्राएँ हैं, जिनमें अधिकांश पिछड़े वर्ग एवं जनजाति समुदाय की लड़कियाँ है। वहाँ उन्होने लड़कियों का एक हॉस्टल भी बनाया, जिसमें 650 लड़कियाँ रहती हैं।

लड़कियों एवं महिलाओं में शिक्षा के प्रसार को ही ब्रह्मचारिणी कमलाबाई ने अपने जीवन का लक्ष्य बना लिया है। वर्ष 1999 में कमलाबाई को देवी अहल्याबाई

होल्कर स्त्री शक्ति पुरस्कार से नवाजा गया। ब्रह्मचारिणी कमलाबाई ने विषम परिस्थितियों से जूझते हुए केवल, स्वयं के जीवन को ही सार्थक नहीं बनाया, बल्कि हजारों पिछड़ी एवं जनजाति समुदाय की महिलाओं को भी शिक्षित कर, उनके जीवन में आशा का संचार किया।

23

सुधा चन्द्रन

सुधा चन्द्रनः दृढ़ संकल्प-शक्ति की मिसाल

दुर्घटना में एक पैर गैवाने के बाद, कोई महिला जीवन में 'नृत्य करने के सम्बन्ध में सोचने की कल्पना भी नहीं कर सकती, लेकिन सुधा चन्द्रन ने अपने अदम्य आत्मविश्वास, दृढ़ संकल्प-शक्ति के बल पर, अकल्पनीय को भी हकीकत में बदल डाला।

दुर्घटना में अपना एक पैर गैवाने के बाद सुधा चन्द्रन ने 'जयपुर फुट' लगाकर अपनी डांस प्रैक्टिस शुरू की और फिल्म 'नाचे मयूरी' में उनका शानदार डांस देखकर लोग अचम्भित रह गए, लोगों ने दाँतों तले अँगुली दबा ली।

आज सुधा चन्द्रन की गणना, बहुत शानदार एवं सफल नर्तकी, टीवी एवं फिल्म एक्ट्रेस के तौर पर की जाती है। सुधा चन्द्रन का कहना है कि जब हेलेन कीलर अपंगता से बाहर आ सकती है, तो मैं क्यों नहीं? उनका मानना है कि सफलता व्यक्ति की सोच में होती है। हम जो चाहे, वह प्राप्त कर सकते हैं, लेकिन इसके लिए चाहिए दृढ़ आत्मविश्वास।

24
शिव नाडार

शिव नाडार: एचसीएल टेक्नोलोजीज के चेयरमैन

वर्ष 1976 में मात्र 187000 रु से छः व्यक्तियों द्वारा मिलकर शुरू किए गए व्यवसाय को कई परिवर्तनों के बाद मि. नाडार के विश्वास एवं संकल्प ने वर्ष 1999 में देश की आईटी कम्पनियों में टीसीएस के बाद दूसरे नम्बर पर ला खड़ा किया।

नाडार ने अपने जीवन में कई उतार-चढ़ाव देखे, लेकिन हार नहीं मानी और लगातार संघर्षशील रहे। दृढ़ आत्मविश्वास के धनी, योजनाबद्ध कार्य करने वाले, इन्जीनियर नाडार आज देश के सफल उद्योगपतियों में गिने जाते हैं।

25
अमिताभ बच्चन

अमिताभ बच्चन

अमिताभ बच्चन: सदी के महानायक

इस सदी के महानायक, बॉलीवुड के सबसे लोकप्रिय अभिनेता, भारतीय सिनेमा जगत में जिनका कोई सानी नहीं, ऐसे सफलतम व्यक्तित्व का जीवन भी संघर्षों से भरा रहा है। अमिताभ बच्चन ने आज जो मुकाम हासिल किया है, वह न जाने कितने उतार-चढ़ाव, सफलता-असफलता के दौर से गुजरने के बाद हासिल किया है। अमिताभ बच्चन ने अपना कैरियर कोलकाता की एक शिपिंग कम्पनी में नौकरी करने से शुरू किया था। उन्होंने एक बार एक रेडियो सेवा में बतौर समाचार

वाचक की नौकरी चाही थी, लेकिन उनकी आवाज को उपयुक्त नहीं माना गया।

वे संघर्ष के दिनों में 7 वर्ष तक प्रसिद्ध हास्य अभिनेता महमूद साहब के निवास पर रहे। उन्होंने राजनीति में भी अपना दांव आजमाया, सांसद भी चुने गए, लेकिन राजनीति उन्हें रास नहीं आई और बीच में ही त्यागपत्र देकर पुनः सिनेमा जगत में भाग्य अजमाने लगे। बोफोर्स विवाद में भी इनका नाम घसीटा गया, जिसके लिए उन्हें अदालत जाना पड़ा, लेकिन अन्ततः उन्हें निर्दोष माना गया।

अमिताभ बच्चन ने वर्ष 1996 में ABCL (Amitabh Bachchan Corporation Ltd.) की स्थापना की। एबीसीएल ने कुछ फिल्में बनाईं, लेकिन वे फ्लॉप रहीं।

एबीसीएल ने वर्ष 1997 में बैंगलोर में आयोजित 1996 की मिस वर्ल्ड सौन्दर्य प्रतियोगिता (1996 Miss World Beauty Pageant) का आयोजन किया, लेकिन खराब प्रबन्धन के कारण इसे करोड़ों रुपये का नुकसान उठाना पड़ा।

वर्ष 1997 में यह वित्तीय एवं क्रियाशील दोनों तरीकों से ध्वस्त हो गई। कम्पनी प्रशासन के हाथ में चली गई और बाद में इसे भारतीय उद्योग मण्डल द्वारा असफल करार दे दिया गया।

इसके बाद कौन बनेगा करोड़पति' के टीवी प्रोग्राम का एंकर बनकर अमिताभ बच्चन ने पुनः अपनी साख जमाई। इस कार्यक्रम की सफलता से उन्हें एवं उनके परिवार को नैतिक एवं आर्थिक सम्बल मिला और पुनः सफलता के द्वार खुल गए।

हर विषम परिस्थितियों को साहसपूर्वक और धैर्यपूर्वक झेलते हुए अमिताभ बच्चन ने कभी अपना आत्मविश्वास नहीं खोया। बच्चन लगातार संघर्षरत रहते हुए आज सफलता की उन ऊँचाइयों पर पहुँच गए हैं, जहाँ पहुँचने की कल्पना शायद उन्होंने स्वयं भी नहीं की होगी।

26

महमूद अली

महमूद अली: महान् बॉक्सर

महमूद अली का जन्म 17 जनवरी, 1942 को लुइस विले केन्टकी में एक गरीब पेन्टर के घर हुआ। बचपन से ही अली का बॉक्सर बनने का सपना था। उन्होंने तीन बार विश्व हेवीवेट चैम्पियन का खिताब जीता, उनका जीवन काफी संघर्षमय रहा।

एक बार यूएस मिलीटरी में जाने से मना करने पर उनका बॉक्सिग टाइटल सस्पेण्ड कर दिया गया। बाद में उनकी अपील पर सुप्रीम कोर्ट द्वारा उनके पक्ष में फैसला हुआ। बहुत से लोगों द्वारा बॉक्सिग का आज तक का सर्वश्रेष्ठ बॉक्सर महमूद अली को माना जाता है। ESPN.Com द्वारा उन्हें बॉक्सिग इतिहास में दूसरे नम्बर का सर्वश्रेष्ठ बॉक्सर माना गया है।

ज़िद के पक्के, अदम्य आत्मविश्वास के धनी अली ने अपनी संकल्प शक्ति के बल पर, दुनिया में अपनी सफलता के झण्डे फहराए हैं।

27

निक वुजिसिक

निक वुजिसिक

4 दिसम्बर, 1982 को निक का जन्म ऑस्ट्रेलिया के मेलबॉर्न में हुआ। जन्म से ही निक के कंधों से दोनों हाथ नहीं थे एवं पैरों के नाम पर एक छोटा-सा बायाँ पैर, जिस पर मात्र दो अँगुलियाँ थीं। आप कल्पना कर सकते हैं, कितनी कठिनाइयों एवं पीड़ा का सामना किया होगा निक ने अपने जीवन में। धीरे-धीरे उसके कई दोस्त बने। बच्चों ने 'निक' को दोस्त स्वीकार करना शुरू कर दिया। निक ने अपने पैर की दो अँगुलियों से लिखना भी शुरू कर दिया। अपनी उन्हीं दो अँगुलियों से लिखना सीखा, कम्प्यूटर चलाना सीखा, फोन पर बात करना, जवाब देना सीखा। धीरे-धीरे वह टेनिस बॉल भी फेंकने लगे। पानी का गिलास स्वयं उठाना, दाढ़ी बनाना आदि काम वह स्वयं करने लगे। 21 वर्ष की उम्र में कॉलेज से स्नातक पास की तथा अकाउन्टिग एवं फाइनेन्सियल प्लानिंग में डबल डिग्री प्राप्त की।

आज वह लोगों को प्रेरणादायक उपदेश देते हैं, उन्हें लोग प्रोत्साहक एवं प्रेरक वक्ता (Inspiring and motivational Preacher) की तरह जानते हैं। 'निक प्रचर्यजनक व्यक्तित्व के धनी हैं। वह 'Life Without limb' के निदेशक हैं। कि हर व्यक्ति के लिए प्रेरणा के ऐसे ऊर्जावान स्रोत हैं, जो आपको रोमांच से सराबोर कर दे।

एक निर्जीव व्यक्ति में जान फेंक सकने वाले निक वास्तव में हमारे सलाम के काबिल हैं। आत्मविश्वास, आत्मबल से सराबोर ऐसे योद्धा को हमारा बार-बार नमन।

28
जॉर्ज वाशिंगटन

जॉर्ज वाशिंगटनः समय का सम्मान

अमेरिका के प्रथम राष्ट्रपति जॉर्ज वाशिंगटन समय के बड़े पाबन्द थे। एक बार उन्होंने कुछ विशिष्ट अतिथियों को तीन बजे दोपहर के भोजन के लिए आमन्त्रित किया। साढ़े तीन बजे उन्हें सैनिक कमाण्डरों की आवश्यक बैठक में भाग लेना था। ठीक तीन बजे भोजन तैयार था। भोजन टेबल पर लगा दिया गया, लेकिन राष्ट्रपति महोदय के अतिथि नहीं आए। प्रतीक्षा करने की अपेक्षा राष्ट्रपति ने ठीक तीन बजे अकेले भोजन करना आरम्भ किया। आधा भोजन समाप्त होने पर, मेहमान आ पहुँचे।

उन्हें दुःख भी हुआ एवं अप्रसन्नता भी हुई, लेकिन वे भोजन में शामिल हो गए। राष्ट्रपति महोदय ने समय पर अपना भोजन समाप्त किया एवं उनसे विदा लेकर बैठक में भाग लेने चले गए। यह घटना समय प्रबन्धन के महत्त्व को दर्शाती है।

यह घटना आपको अतिरंजित लग सकती है, लेकिन समय की पाबन्दी, समय के महत्त्व को परिलक्षित करने वाली यह घटना, एक व्यक्ति का दृढ़ता को व्यक्त करती है।

29
धीरूभाई अम्बानी

धीरूभाई अम्बानी

धीरूभाई अम्बानी: 300 से 75000 करोड़ तक का सफर

23 दिसम्बर, 1932 को धीरूभाई का जन्म मोढ़ वैश्व परिवार में गुजरात में हुआ था। धीरूभाई के पिता हीराचन्द गोवर्धनदास अम्बानी एक अध्यापक थे। जब धीरूभाई 16 वर्ष के थे, तो वे यमन (Yemen) चले गए, जहाँ उन्होंने ए. बीस एण्ड कम्पनी (A.Besse & Co) / में 300 रु प्रतिमाह पर काम किया। कुछ दिनों बाद इस कम्पनी के शैल कम्पनी की डिस्ट्रीब्यूटर्स बन जाने से, धीरूभाई इस कम्पनी के पेट्रोल पम्प का कार्य देखने लगे।

वर्ष 1958 में वे भारत वापस लौट आए और उन्होंने एक टैक्सटाइल ट्रेडिंग कम्पनी की स्थापना की। धीरे-धीरे पूर्ण निष्ठा एवं लगन से आगे बढ़ते हुए, धीरूभाई ने अपने व्यवसाय को इतना बढ़ाया कि लोग दाँतों तले अँगुली दबाने को बाध्य हो गए।

लाइन्स इण्डस्ट्रीज के नाम से विश्व में विख्यात उनके टैक्सटाइल्स इण्डस्ट्रीज का टर्नओवर महानायक धीरूभाई अम्बानी के जीवन के अन्त समय में लगभग 75000 करोड़ था। धीरूभाई की प्रगति यात्रा बहुत उतार-चढ़ाव भरी रही और उन्हें अपने जीवन में हर सफलता के पथिक की तरह कड़े संघर्ष एवं प्रतिस्पर्धा का सामना करना पड़ा। धीरू भाई ने कभी हार नहीं मानी एवं लगातार संघर्ष करते हुए आगे बढ़ते रहे। आज धीरूभाई अम्बानी की सफलता की यात्रा को लोग एक ऐतिहासिक संघर्ष की गाथा के रूप में जानते हैं।

30
आर माधवन

आर माधवन: बेमिसाल शख्सियत

"भारत को कम-से-कम 10 लाख माधवन की आवश्यकता है।" – एपीजे अब्दुल कलाम (पूर्व राष्ट्रपति)

ONGC जैसी नवरत्न कम्पनी की नौकरी छोड़कर खेती के व्यवसाय में उतरने वाले आर माधवन एक बेमिसाल शख्सियत हैं। उनकी सफलता की कहानी कुछ इस प्रकार है:-

माधवन जी को बचपन से ही पेड़-पौधे लगाने, सब्जियाँ उगाने में बेहद रुचि थी। किशोरावस्था में ही उन्होंने कई बार अपनी माँ को खुद की उगाई हुई सब्जियाँ लाकर दी थीं और माँ की शाबाशी पाकर उनका उत्साह बढ़ जाता था। बचपन से उनका सपना 'किसान' बनने का ही था, लेकिन जैसा भारत के लगभग प्रत्येक मध्यवर्गीय परिवार में होता है कि 'खेती करोगे? कमाओगे क्या? और भविष्य क्या होगा?' जैसा सवाल प्रत्येक युवा से पूछा जाता है, इनसे भी पूछा गया। परिवार के दबाव के कारण किसान बनने का कार्यक्रम माधवन को उस समय छोड़ना पड़ा।

माधवन जी ने आईआईटी-जेईई परीक्षा दी और आईआईटी चेन्नई से मेकेनिकल इन्जीनियर की डिग्री प्राप्त की। जाहिर है कि एक उम्दा नौकरी, एक उम्दा कैरियर और एक चमकदार भविष्य उनके आगे खड़ा था, लेकिन कहते हैं ना कि "बचपन का प्यार एक ऐसी शै है, जो आसानी से नहीं भूलती...।

इसके अतिरिक्त, आईआईटी करने के दौरान 'किसानी' का यह शौक उनके लिए "आजीविका के साथ समाजसेवा" का रूप ले चुका था। ONGC में काम करते

हुए भी उन्होंने अपने इस शौक को पूरा करने की जुगत लगा ही ली।

समुद्र के भीतर तेल निकालने के 'रिग' (Oil Rig) पर काम करने वालों को लगातार 14 दिन काम करने के बाद अगले 14 दिनों का सवैतनिक अवकाश दिया जाता है। माधवन ने यह काम लगातार नौ साल तक किया। 14 दिन तक मेकेनिकल इन्जीनियरिंग का काम और अगले 14 दिन, खेती-किसानी के नए-नए प्रयोग एवं अनुभव।

माधवन के शब्दों में जब मैंने पिता से कहा कि इतने सालों की नौकरी के बाद अब मैं खेती करना चाहूँगा, तो उस वक्त भी उन्होंने मुझे मूर्ख ही समझा था। चार साल की नौकरी में मैंने इतना पैसा बचा लिया था कि चेन्नई के निकट चेंगलपट्टू गाँव में 6 एकड़ जमीन खरीद सकें। वर्ष 1989 में गाँव में पैंट-शर्ट पहनकर खेती करने वाला मैं पहला व्यक्ति था और लोग मुझे आश्चर्य से देखते थे।"

6 एकड़ में उनकी सबसे पहली फसल मात्र 2 टन की ही थी और इससे वे बेहद निराश हुए, लेकिन उन्होंने हिम्मत नहीं हारी। वर्ष 1996 में उनके जीवन का 'टर्निंग प्वॉइंट' साबित हुई उनकी इजराइल यात्रा। उन्होंने सुन रखा था कि 'टपक-सिंचाई' (Drip Irrigation) और जल-प्रबन्धन के मामले में इजराइल की तकनीक सर्वोत्तम है। इजराइल जाकर उन्होंने देखा कि भारत में एक एकड़ में एक टन उगने वाली मक्का को इजराइली एक एकड़ में सात टन कैसे उगाते हैं?

जितनी जमीन पर भारत में 6 टन टमाटर उगाया जाता है, उतनी ही जमीन पर इजराइली लोग 200 टन टमाटर का उत्पादन कर लेते हैं, उन्होंने इजराइल में 15 दिन रहकर सारी तकनीकें सीखीं।।

इजराइल में उन्हें मिले एक और हम वतन, डॉ. लक्ष्मणन, जो एक तरह से उनके 'किसानी-गुरु' माने जा सकते हैं। कैलिफोर्निया में रहने वाले डॉ. लक्ष्मणन पिछले 35 सालों से अमेरिका में खेती कर रहे हैं और लगभग 60,000 एकड़ जमीन के मालिक हैं।

उन्होंने माधवन की ज़िद, तपस्या और संघर्ष को देखकर उन्हें लगातार 'गाइडेन्स' दिया। उनसे मिलकर माधवन को लगा कि पैसे के लिए काम करते हुए, यदि मन की खुशी भी मिले, तो काम का आनन्द दोगुना हो जाता है।

लगभग 8 साल के सतत् संघर्ष, घाटे और निराशा के बाद सन् 1997 में उन्हें पहली बार खेती में प्रॉफिट' हुआ। माधवन बताते हैं "इतने संघर्ष के बाद भी मेने हार नहीं मानी। मेरा मानना था कि यह एक सीखने की प्रक्रिया है और इसमें मैं गिरूगा और फिर उठूँगा, भले ही कोई मुझे सहारा दे या ना दे। मुझे स्वयं ही लड़ना है और जीतकर दिखाना है।"

माधवन के जीवन का एक और स्वर्णिम क्षण तब आया, जब पूर्व राष्ट्रपति से तय मिनट की मुलाकात दो घण्टे में बदल गई और अन्ततः कलाम साहब के मुँह से निकला कि भारत को कम-से-कम दस लाख माधवन की आवश्यकता है।"

स्वभाव से बेहद विनम्र श्री माधवन कहते हैं कि "यदि मैं किसी उद्यमशील युवा को प्रेरणा दे सकूँ, तो यह मेरे लिए खुशी की बात होगी।"

31
एनआर नारायणमूर्ति

एनआर नारायणमूर्ति

वर्ष 1946 में जन्मे नारायणमूर्ति के पिता एक स्कूल अध्यापक थे। शुरू से ही मेधावी छात्र रहे नारायणमूर्ति ने इलेक्ट्रिकल इन्जीनियरिंग की डिग्री मैसूर विश्वविद्यालय से प्राप्त की एवं बाद में IT, खड़गपुर से कम्प्यूटर साइन्स की पढ़ाई पूरी की।

वर्ष 1981 में अपने छ; अन्य साथियों के साथ, उन्होंने मात्र 50 की पूँजी से अपना व्यवसाय शुरू किया। तब से वर्ष 1991 तक का, दस वर्ष का समय काफी मेहनत एवं कठिनाइयों में बीता। नारायणमूर्ति अपनी पत्नी के साथ एक कमरे के मकान में रहते थे। वर्ष 1991 में उदारीकरण की शुरूआत के साथ उनकी कम्पनी इंफोसिस (Infosys) के दिन बदल गए।

Infosys प्रथम भारतीय कम्पनी है, जिसके शेयर NASDAQ में लिस्ट हुए। आज Infosys दुनिया की सफलतम कम्पनियों में गिनी जाती है। नारायण मूर्ति सरलता एवं सादगी के प्रतीक हैं। नारायणमूर्ति का सारा परिवार आज भी दिखावटी खर्चे का विरोधी है। नारायणमूर्ति के बच्चों को भी स्वयं के द्वारा किए गए व्यय का हिसाब रखना आवश्यक है।

वर्ष में करोड़ो रुपयों का दान करने वाली कंपनी Infosys के कर्ता-धर्ता, यह परिवार वास्तव में सादगी, सरलता, कड़ी मेहनत से प्राप्त सफलता की जवलंत मिसाल है।

32

लियोनेल मेसी

लियोनेल मेसी: शारीरिक कमी को हराकर कैसे बना दुनिया का सबसे प्रसिद्ध फुटबॉलर

दोस्तो लियोनेल मेसी की कहानी भी एक ऐसे इंसान की कहानी है जो अपने जीवन की सारी बाधाओं को पार करता हुआ दुनिया का सबसे महान फुटबॉल खिलाड़ी बनता है.दोस्तों यह motivational story लियोनेल मेसी के जीवन का है जिस जीवन में उन्होंने अपनी खराब वित्तीय पृष्ठभूमि, शारीरिक अक्षमताओं और संसाधनों की कमी पर विजय प्राप्त कर अपने आप को दुनिया का सबसे महान फुटबाल खिलाड़ी बनाया.

लियोनेल मेसी का जन्म 24 June 1987 को अर्जेंटीना में हुआ था ,मध्य वर्गीय परिवार में जन्मे मेसी का आरंभिक जीवन प्राय अभाव में ही बीता उनके पिता जॉर्ज मेसी एक स्टील फैक्ट्री में मैनेजर थे और उनकी माता भी एक कामकाजी महिला थी. दोस्तों मेसी के माता-पिता एक फुटबॉल प्रेमी थे जिसके कारण उनके बच्चो को भी काफी काम उम्र से ही फुटबॉल के प्रति लगाव हो गया था.मेस्सी जब मात्र 10 साल के थे तब उनके उनके जीवन में संघर्षो की शुरुआत बड़े ही नाटकीय ढंग से हुयी।

लियोनेल मेसी जब 10 वर्ष के थे तो उन्हें पता चला कि उनके शरीर में विकास हार्मोन की बड़ी भारी कमी है जिसके कारण उनके शरीर का विकास रुक गया है.दोस्तों आपको बता दें कि 10 वर्ष की उम्र में मेस्सी अपने हम उम्र के बच्चों की तुलना में और यहां तक की अपने से छोटी उम्र के बच्चों की तुलना में भी काफी

छोटे और नाजुक थे. अपने बच्चे में इस असमानता को देखकर जब मेस्सी के परिवार वालों ने डॉक्टरी सहायता ली तो यह पाया कि मेस्सी के शरीर में ग्रोथ हार्मोन की बड़ी भारी कमी है जिसके कारण उनका विकास रुक गया है और इस विकास की प्रक्रिया को पुनः शुरू करने के लिए हर महीने ग्रोथ हार्मोन इंजेक्शन देने की आवश्यकता हैं .

दोस्तों आपको बता दे की इस इंजेक्शन को देने का खर्च 900 से 1000 डॉलर प्रतिमाह था. दोस्तों मेसी के माता-पिता की आर्थिक स्थिति इतनी अच्छी नहीं थी कि प्रत्येक महीने इतनी रकम सिर्फ इलाज के लिए खर्च कर सकें. इस घटना के बाद मानो ऐसा लग रहा था कि मेस्सी का करियर शुरू होने से पहले ही खत्म हो जाएगा पर यह तो छोटे से मेस्सी के जीवन के संघर्षों की शुरुआत भर ही थी.

मेसी एक प्रतिभाशाली खिलाड़ी थे उनकी इस प्रतिभा को देखकर कई सारे फुटबॉल क्लबों ने उन्हें अपने क्लब में शामिल करने की दिलचस्पी दिखाई थी पर यह बीमारी मेस्सी की सफलता में पहली बार तब रोड़ा बनी जब अर्जेंटीना के रिवर प्लेट एफसी नामक क्लब ने मेसी की प्रतिभा को देखते हुए उन्हें अपने टीम में चुनने का निर्णय कर लिया था जब उन्हें मेसी की स्वास्थ्य स्थिति के बारे में पता चला कि इस 11 साल के लड़के की वृद्धि रुक गई है और इसके इलाज के लिए प्रतिमाह तकरीबन $1000 की आवश्यकता है तो उन्होंने अपना निर्णय बदल दिया और उन्हें अपनी टीम में चुनने से मना कर दिया और यह हवाला दिया कि वे किसी खिलाड़ी के इलाज के लिए इतने पैसे खर्चे नहीं कर सकते हैं क्योंकि उनके पास फंड की कमी है.

मेसी एक प्रतिभावान खिलाड़ी थे पर इस समय एक शारीरिक कमी ने उनसे उनका सब कुछ छीन लिया था, जिस खिलाड़ी को अपनी क्लब में शामिल करने के लिए बड़े प्रतिष्ठित फुटबॉल क्लब आपस में होड़ लगाते थे आज उस खिलाड़ी को एक शारीरिक कमी के कारण कोई भी स्वीकार नहीं करना चाहता था.

दोस्तों यह घटना है किसी को भी हतोत्साहित कर सकती हैं फिर भी मेस्सी ने नहीं कभी भी हार नहीं मानी ओर नही इन चुनौतियों के बीच उन्होंने कभी आत्मसमर्पण नहीं किया और ना ही अपने आप को कमजोर होने दिया.दोस्तों यह घटना है किसी को भी हतोत्साहित कर सकती हैं फिर भी मेस्सी ने नहीं कभी भी हार नहीं मानी ओर नही इन चुनौतियों के बीच उन्होंने कभी आत्मसमर्पण नहीं किया और ना ही अपने आप को कमजोर होने दिया.

इन सब चुनौतियों के बावजूद मेसी ने खुद को टूटने से बचाए रखा और अपनी प्रतिभा पर विश्वास रखते हुए खुद को आशावादी बनाए रखा, पर कहते हैं ना

कि जुनूनी और प्रतिभाशाली लोगों के दुख ज्यादा दिन नहीं रहते. सारी कमियों को अनदेखा कर जिस तरह मेस्सी अपनी प्रतिभा और मेहनत को बढ़ाते रहें वह आखिरकार रंग लाई.

लियोनेल मेसी के जीवन ने उस वक्त एक बड़ी मोड ली जब 13 वर्ष की उम्र में एफसी बर्सिलोना के निर्देशक कार्लेक्स रेक्चस को मेसी की प्रतिभा के बारे में पता चला. मेसी की असाधारण प्रतिभा और खेल को देखकर करलेक्स रेक्चस ने मेसी को अपने क्लब में शामिल किया साथ ही साथ उन्होंने मेसी का विकास हार्मोन को बढ़ाने वाले इलाज के खर्च को भी मंजूरी दे दी .दृढ़ संकल्प और फुटबॉल के प्रति अपने जुनून के कारण महज 16 साल की उम्र में मेस्सी पहली बार बार्सेलोना की तरफ से आधिकारिक तौर पर मैदान में उतरे और इस मैच में बार्सिलोना की जीत हुई।

मेसी ने लगातार कई फुटबॉल रिकॉर्ड तोड़े हैं जैसे दो विश्व कप, दो यूएफा सुपर कप, 3 चैंपियंस लीग,6 ला लीगा लीग. 2011 के फोर्ब्स के मुताबिक मेसी की संपत्ति (lionel messi net worth) 110 मिलियन डॉलर से अधिक की है फोर्ब्स के नए आंकड़े के अनुसार 2019 में मेस्सी सैलरी के मामले में दुनिया का सबसे ज्यादा कमाई करने वाले एथलीट रह चुके हैं.लियोनेल मेसी के जीवन से हमें सीख मिलती है कि कैसे मनुष्य अपने दृढ़ संकल्प और कौशल के आधार पर अपने जीवन की बाधाओं को पार करता हुआ एक सफल इंसान बनता है मेसी के व्यक्तित्व से हमे यह सिख लेनी चाहिये कि हमें अपनी कमियों के बजाय अपनी खूबियों पर ध्यान देने की आवश्यकता है और जब आपके जीवन में कभी बुरा वक्त आए तो उसे घबराने की बजाय उसके समाधान की चिंता करनी चाहिए.

33

दशरथ मांझी

दशरथ मांझी: पूरे पहाड़ को काटकर एक रास्ता बना देने वाले बुलंद हौशले कहानी

दोस्तों यह motivational story उस इंसान की है जिसने अपने बुलंद हौसले ओर दृढ़ संकल्प के कारण असंभव काम को संभव कर दिखाया। यह कहानी भारत के माउंटेन मैन कहे जाने वाले दशरथ मांझी की है जिन्होंने अपने बुलंद हौसलों की बदौलत महज एक छेनी और हथौड़ी से पूरे पहाड़ को काटकर एक रास्ता बना दिया।

दोस्तों दशरथ मांझी एक ऐसा व्यक्तित्व है जिससे हमारे देश के करोड़ों युवाओं को प्रेरणा मिलती है.दशरथ मांझी जिस गांव में रहते थे वहां से पास के कस्बे में जाने के लिए एक पूरे पहाड़ को पार करना पड़ता था तथा उस पहाड़ के पूरे चक्कर लगाने के बाद ही दूसरे तरफ पहुंचा जा सकता था.

दशरथ मांझी के गांव लोगो की छोटी सी भी जरूरत इस पहाड़ को पार करने के बाद ही पूरी होती थी।एक दिन जब दशरथ मांझी पहाड़ी इलाके में अपना काम कर रहे थे और हर दिन की तरह उनकी पत्नी फाल्गुनी देवी उस दिन भी उन्हें जब दोपहर का खाना देने जा रही थी तब दुर्भाग्यवश अचानक पैर फिशलने के कारण वह एक पहाड़ी दर्रे में जा गिरती हैं और तत्काल इलाज न मिलने के कारण उनकी मृत्यु हो जाती है।

फाल्गुनी देवी की मौत का सबसे बड़ा कारण वह पहाड़ था जो दशरथ मांझी के गांव और शहर के बीच दीवार बनकर खड़ा था। इसी पहाड़ के कारण फाल्गुनी देवी

को अस्पताल ले जाने में ज्यादा समय लग गया और उनकी मृत्यु हो गई क्योंकि गांव से शहर के जाने के लिए पूरे पहाड़ के चक्कर लगाने पड़ते थे।अपनी पत्नी की मृत्यु ने दशरथ मांझी को पूरी तरह झकझोर के रख दिया ओर वह सोच में पड़ गए हैं कि कैसे एक पहाड़ के बाधा बनने के कारण वह अपनी पत्नी को नहीं बचा सके।

अपनी पत्नी की मृत्यु से जुड़ी इस दुखद घटना के बाद दशरथ मांझी ने एक फैसला लिया और इसी फैसले के कारण दूनीया भर के लोगों आज उन्हेंमाउंटेन मैन ऑफ इंडिया के नाम से जानते हैं. माझी ने अपने बुलंद इरादों से यह फैसला लिया कि वे उस पहाड़ को ही काट डालेंगे जिसके रास्ता रोकने के कारण उनकी पत्नी की दर्दनाक मौत हो गई थी.

इसके बाद अपने बुलंद हौसलों और इरादों का परिचय देते हुए दशरथ मांझी अपनी छोटी सी छेनी और हथौड़ी से उस विशालकाय पहाड़ को तोड़ने में लग गए। जब गांव वालों ने पहली बार उन्हें मात्र एक छेनी और हथौड़ी से पहाड़ को तोड़ते हुए देखा तो लोग उन पर हंसने लगे और उनका मजाक उड़ाने लगे कईयो ने तो उन्हें पागल भी कहना शुरू कर दिया था. लोग कहते हैं कि ये अपने बीवी के मौत के सदमे से पागल हो गया है जो इतनी छोटी सी छेनी और हथौड़ी से विशालकाय पहाड़ को तोड़ने में लगा हैं.इन सबके बावजूद दशरथ मांझी अपने काम में जुटे रहे ।

इसी तरह दिन बीतते चले गए ,कई महीने गुजर,कई मौसम आए और चले गए अब तो साल भी बितने लगे थे क्या गर्मी, क्या बरसात और क्या ठंड इन सब की न परवाह करते हुए दशरथ मांझी सिर्फ अपने लक्ष्य को हासिल करने के लिए कठिन परिश्रम करते रहें। उनका बस एक ही लक्ष्य था उस पहाड़ को काटकर रास्ता बना देना ताकि जो उनके साथ हुआ वह फिर किसी और गांव सदस्य के साथ ना हो।

अपने दृढ़ संकल्प और बुलंद इरादों का परिचय देते हुए लगातार 22 साल की कठिन परिश्रम और मेहनत के बाद पहाड़ में 360 फुट लंबा, 25 फीट गहरा 30 फीट चौड़ा रास्ता dashrath manjhi road बनाने में कामयाब हुए.

दशरथ मांझी द्वारा (dashrath manjhi road) बनाए गए इस रास्ते के कारण गया के अन्नी से वजीरगंज दूरी मात्र 15 किलोमीटर रह गई जो पहले पहाड़ को चक्कर लगाकर जाने के बाद 80 किलोमीटर की दूरी पड़ती थी वह मात्र 3 किलोमीटर की ही रह गई. दशरथ मांझी के इस फैसले का पहले तो मजाक उड़ाया गया पर उनके इस प्रयास ने जालौर के लोगों के जीवन को सरल बना दिया.

दशरथ मांझी जी का जीवन उन लाखों छात्रों के लिए मिसाल है जो आज के इस कठिन दौर में सरकारी नौकरी की चेष्टा करते हैं.जिस प्रकार दशरथ माझी को

पहाड़ काटने में 22 साल लग गए फिर भी उन्होंने कभी हार नहीं मानी और बिना निराश वे अपने लक्ष्य को पाने के लिए दृढ़ संकल्प के साथ कड़ी मेहनत की अंत में सफलता प्राप्त की, ठीक उसी प्रकार युवा कभी हार न माने और निराश ना हो हो सकता है आपको भी समय लगे पर आपको भी सफलता जरूर मिलेगी और वह एक शानदार पल होगा।

34
सनी हिंदुस्तानी

सनी हिंदुस्तानी: कैसे जूते पॉलिश करने वाला बना देश का इंडियन आइडल

दोस्तों प्रतिभा किसी की मोहलत का मोहताज नहीं होती जिस सूर्य ज्यादा देर तक नहीं छुप सकता , ठीक उसी तरह प्रतिभावान व्यक्ति की प्रतिभा भी ज्यादा देर तक नहीं छुप सकती दोस्तों इस कहावत को सच कर दिखाया है इंडियन आइडल सीजन इलेवन के विजेता सनी हिंदुस्तानी ने.

दोस्तों सनी की कहानी किसी प्रेरणा देने वाली कहानी से कम नहीं है दोस्तों यह कहानी सनी हिंदुस्तानी के संघर्ष की कहानी है जो आपको ब ताएगी की कैसे एक गरीब जूते साफ करने वाला लड़का भटिंडा के एक छोटे से मोहल्ले से निकलकर माया नगरी कहे जाने वाले मुंबई में संघर्ष कर अपने सपने को पूरा करता है.सनी बेहद गरीब परिवार से है और पिता की मौत के बात तो उनके परिवार के ऊपर मुसीबतों का पहाड़ टूट पड़ा, घर की माली हालत इतनी खराब हो चुकी थी कि दो वक्त की रोटी के लिए भी संघर्ष करना पड़ता था.

इसी गरीबी के कारण सनी केवल छठी कक्षा तक ही पढ़ाई कर पाये। जिंदगी के शुरुआती दिनों में सनी ने जूते पॉलिश करने के अलावा बस स्टैंड और रेलवे स्टेशन पर गाना गाकर अपने परिवार का गुजारा चलाते, दोस्तों आपको बता दें कि सिर्फ सनी ही नहीं बल्कि उनकी मां भी अपने परिवार को चलाने के लिए संघर्ष करती थी, उनकी मां सड़कों पर गुब्बारा बेचने का काम करती थी इसलिए वह सुबह सुबह ही गुब्बारों का ठेला लेकर घर से निकल जाती शाम को घर आती थी।

सनी अपने परिवार की गरीबी का जिक्र करते हुए बताते हैं कि उनकी मां उनका पालन पोषण करने के लिए दूसरों के घरों से चावल मांगने जाया करती थी ताकि वह अपने बच्चे को भूखा ना सुला सके।सनी अपने इन संघर्ष के दिनों को जब भी याद करते हैं तो उनकी आंखों से आंसू छलक जाते हैं।अपनी मां और परिवार कि इतनी दयनीय हालत को देखकर सनी ने यह ठान लिया था कि अब वे अपने परिवार की हालत को बदल कर ही रहेंगे.

सनी हिंदुस्तानी अपने संघर्ष के दिनों में अपने दोस्तों के साथ बस स्टैंड और रेलवे प्लेटफार्म पर जूता पॉलिश करते थे और और साथ में मनोरंजन के लिए गाना भी गाते थे और जब उनके दोस्तों ने पहली बार उनका गाना सुना तो वे हैरान रह गए क्योकि सनी की आवाज का जादू बिल्कुल नुसरत फतेह अली खान की तरह ही था.

सनी के दोस्तों ने ही सनी की प्रतिभा को सबसे पहले पहचाना था और उन्हें इंडियन आईडल में जाने की प्रेरणा दी थी .जब सनी ने ऑडिशन मे अपना पहला गाना गाया तो ऐसा लगा कि मानो खुद नुसरत फतेह अली खान पुनर्जन्म लेकर गाना गा रहे हो, उनकी इस आवाज ने पहले ही बार में सारे जजेस और पूरे देशवासियों का दिल जीत लिया .

सनी हिंदुस्तानी की आवाज ने लोगों का दिल जीता टी जीत ही लिया था पर जब पूरे देश के लोगों को उनके संघर्ष के बारे में पता चला तब पूरा देश भावुक हो उठा.अपनी प्रतिभा और आवाज के दम पर सनी हिंदुस्तानी ने देशवासियों का दिल जीत लिया, सनी हिंदुस्तानी को इंडियन आईडल के फाइनल में देशवासियों ने सबसे अधिक वोट दिए और इंडियन आईडल सीजन इलेवन का विजेता बनाया.

इंडियन आइडल के विजेता बनने के बाद सनी को 2500000 रुपए, एक गाड़ी ,और इसके t - series साथ एक गाना गाने का कॉन्ट्रैक्ट मिला जो उनकी किस्मत बदलने के लिए काफी था.देश में आज भी ऐसे लाखों करोड़ों लोग हैं जो अत्यंत दयनीय स्थिति में हैं पर वे आपने बेटे बेटियों से यह आकांछा रखते हैं की एक न एक दिन जरूर उनके बेटे या बेटियां उनके दुख और गरीबी को दूर करेंगे.

दोस्तों अगर आप भी इन श्रेणियों में आते हैं और अगर आप पर भी अपने परिवार की गरीबी को दूर करने तथा अपने सपनों तो पूरा करने की जिम्मेदारी है आप सनी हिंदुस्तानी के जीवन से प्रेरणा लेकर अपने परिवार और अपना भाग्य बदल सकते हैं।

35

साफिन हसन

साफिन हसन: कैसे माता, पिता संग सड़क के किनारे उबले अंडे और चाय बेचने वाला सबसे काम उम्र आईपीएस अधिकारी

दोस्तों अगर आपके सपने बड़े हो तो आप का संघर्ष बड़ा होगा और आप का संघर्ष बड़ा होगा तो आपकी मेहनत बड़ी होगी और अगर आपकी मेहनत बड़ी होगी तो यकीन मानिए आपकी जीत भी बड़ी होगी। दोस्तों इस बात को सच कर दिखाया देश के सबसे कम उम्र के आईपीएस ऑफिसर बनने वाले साफिन हसन ने,

दोस्तों यह एक प्रेरणास्रोत कहानी है गुजरात के सूरत में रहने वाले साफिन हसन की है.साफिन हसन एक मध्यवर्गीय परिवार से थे साफिन अपने माता पिता के साथ गुजरात के सूरत में रहते थे.

शुरुआती दौर में उनके माता-पिता सूरत के एक डायमंड यूनिट में काम करके अपने परिवार का गुजारा करतेथे परंतु कुछ ही दिन बाद किसी कारणवश उनकी माता- पिता की नौकरी चली गई, नौकरी चले जाने के बाद उनके परिवार पर तो मानो दुखों का पहाड़ ही टूट पड़ा, नौकरी चले जाने के बाद उनकी परिवार की आर्थिक स्थिति काफी खराब हो गई, परिवार की स्थिति को सुधार करने के लिए घर जाकर electrician काम करने लगे और उनकी मां ने घरों और शादियों के समारोह मैं जाकर रोटियां बनाने का काम करने लगी थी.

परिवार की आर्थिक स्थिति इतनी खराब हो चुकी थी कि कुछ पैसा अतिरिक्त कमाने के लिए साफिन हसन के पिता और उनकी माता जाड़े के दिनों में सड़क के किनारे उबले अंडे और चाय बेचा करते थे अपने परिवार की पालन पोषण कर सके

और हसीन की पढ़ाई में कोई दिक्कत नहीं हो साहिल अपने संघर्ष के दिनों को याद करते हुए कहते हैं कि मैं अपनी मां को सर्दियों में कभी पसीने से भीगा हुआ देखता था मेरी मां 3:00 बजे सुबह उठकर 15 से 200 तक रोज रोटियां बनाती थी और इतनी मेहनत के बाद मात्र कुछ हजार रुपए ही कमा पाती थी.

साफिन हसन ने अपने परिवार को हमेशा पैसों की तंगी से जूझता हुआ देखा है. अपने परिवार को इन परिस्थितियों में देखकर ही साफिन हसन ने जीवनमें कुछ करने की ठान ली अब वे समझ गए थे कि अगर कोई उनके परिवार के दयनिता को बदल सकता है तो वह खुद है, इस दिन से उन्होंने ठान ली कि अब वे अपने सपनों को पूरा करके ही रहेंगे.

सफिन हसन ने अपने एक दिए गए इंटरव्यू में यह भी बताया कि उन्हें यूपीएससी में आने की प्रेरणा कहां से मिली है वे कहते थे कि जब स्कूल में पढ़ते थे तब एक बार उनके जिले के जिलाधिकारी ने उनके गांव का दौरा किया जब जिला अधिकारियों उनके गांव में पहुंचे तो गांव के लोगों ने उनका बहुत सम्मान किया जिला अधिकारी के प्रति गांव वालों का सम्मान और इज्जत देख कर सफीन काफी हैरान थे.

जब उन्होंने एक व्यक्ति से पूछा कि यह कौन है जिसके साथ इतने अधिकारी और सुरक्षा गार्ड की गाड़ियां चल रही हैं तब उन्हें किसी ने बताया कि यह हमारे जिला के जिला अधिकारी हैं और इनका रुतबा किसी राजा से कम नहीं है इसलिए इन्हें इतना सम्मान दिया जा रहा है.

डीएम के रुतबे और काम से प्रभावित होकर ही साफिन ने भविष्य में डीएम बनने का सपना अपने मन में पाल लिया और यह निर्णय कर लिया कि वे डीएम बन कर ही रहेंगे इसके बाद साफिन हसन ने अपने मजबूत इरादे को लेकर दिल्ली आ गए. दिल्ली आने के बाद भी संघर्ष ने उनका पीछा नहीं छोड़ा अब उन पर यहां रहने और खाने और कोचिंग की फीस का बोझ था। साफिन हसन के इस संघर्ष को देखकर एक गुजराती परिवार ने 2 साल उनका कोचीन और खर्च उठाया था।

साफिन हसन तो प्रतिभाशाली छात्र थे ही परंतु प्रतिभाशाली होने के साथ-साथ अपने लक्ष्य को पाने का जज्बा कूट-कूट कर भरा था जब वे अपनी यूपीएससी की परीक्षा का पहला अटेम्प्ट देने जा रहे थे तब उनका रास्ते में एक सड़क हादसा हो गया जिसके कारण उन्हें काफी चोट लगी और साथ ही शरीर लहूलुहान हो गया के बावजूद उन्होंने अपने को कमजोर नहीं होने दिया उन्होंने तुरंत पास की क्लीनिक में फर्स्ट एड लिया और उसी लहूलुहान अवस्था में परीक्षा केंद्र में जा पहुंचे.

अपने मेहनत मजबूत इरादे और परिवार के संघर्ष को अपनी ताकत बना कर 2017 में साफिन हसन देश की सबसे कम उम्र के आईपीएस अधिकारी बन गए अपनी मेहनत और कठिन परिश्रम के दम पर देश की सबसे कठिन परीक्षा कहे जाने वाली यूपीएससी परीक्षा (safin hasan upsc rank) परीक्षा में 570 वी रैंक हासिल की और सबसे कम उम्र की भारतीय पुलिस सेवा की अधिकारी बन गए है.

सफिन हसन के संघर्ष और सफलता की कहानी देश के उन लाखों युवाओं को प्रेरणा देती है जो हर साल यूपीएससी और अन्य प्रतियोगी परीक्षा में भाग लेते हैं पर थोड़ी सी कठिनाई में अपना हौसला खो देते हैं और विपरीत हालातों से हार मानकर अपने लक्ष्य से भटक जाते हैं. सफिन हसन की कहानी हमें बताती है कि कैसे कोई मनुष्य कड़ी मेहनत और अपने लक्ष्य के प्रति एक निष्ठा रख के कठिन से कठिन लक्ष्य को भी हासिल कर सकता है.

36

धर्मपाल गुलाटी

धर्मपाल गुलाटी: कैसे तांगा चलाने वाला बना मशालों दुनिया बादशाह

दोस्तों आप सब ने टीवी पर एमडीएस मसालों का विज्ञापन तो देखा ही होगा इस विज्ञापन में आपको हमेशा एक बुजुर्ग व्यक्ति दिखते हैं ऊर्जा के साथ मसालों का विज्ञापन करते हैं, इस बुजुर्ग व्यक्ति को देखकर आप सब भी नहीं सकते कि बुजुर्ग वह महान का प्रधान व्यक्ति है जिनकी जिंदगी हजारों उद्‌यमियों के लिए प्रेरणा स्रोत बनी हुई है दोस्तों यह बुजुर्ग व्यक्ति ही एमटीएच कंपनी के मालिक धर्मपाल गुलाटी है जिन्हें भारत में मसालों का बादशाह कहा जाता है.

मसालों के राजा कहे जाने वाले महाराथ धर्मपाल गुलाटी का जन्म 27 मार्च 1923 को पाकिस्तान के सियालकोट में एक सामान्य परिवार में हुआ था उनके पिता महाराथ चुन्नीलाल एक सामाजिक संगठन में काम करते थे इसी ऑर्गनाइजेशन में चुन्नीलाल जी ने अपने मसालों का एक छोटा कारोबार खोला था जिसका नाम mahashian dihahi pvt.ltd था.

धर्मपाल गुलाटी बचपन से ही काफी चंचल प्रवृत्ति के थे और उनका पढ़ाई लिखाई में बिल्कुल मन नहीं लगता था हर माता-पिता के तरह चुन्नी लाल गुलाटी वे चाहते थे कि उनका बेटा पढ़े लिखे और बड़ा आदमी बने पर जब वे अपने बेटे को देखे तो उन्हें काफी निराशा होती. ध

र्मपाल गुलाटी ने जैसे तैसे करके चौथी कक्षा पास तो कर ले तुरंत जब उन्होंने पांचवी क्लास की परीक्षा दी तो फेल हो गए पढ़ाई लिखाई में उत्साह नहीं होने के

कारण और पांचवी में फेल हो जाने के कारण धर्मपाल गुलाटी ने पढ़ाई को छोड़ने का निश्चय कर लिया अपने बेटे के इस तरह पढ़ाई छोड़ने की बात से उनके पिता को काफी निराशा हो गई थी .

15 साल की उम्र तक आते-आते धर्मगुलाटी जी सैकड़ों काम किए पर किसी भी काम में ज्यादा दिन तक नहीं टिक पाए अपने बेटे के इस चंचल मन को देखकर चुन्नी लाल गुलाटी ने यह फैसला लिया कि वे अपने बेटे से ही अपने दुकान मिर्च मसाले वाले में काम करआएंगे और व्यवसाय की गुड सिखाएंगे.

.सन 1947 में भारत के लोगों को आजादी मिली आजादी के साथ-साथ वह घाव भी मिले जिसका दर्द आज भी लोग भाग रहे हैं 1947 में आजादी मिलने के बाद देश के विभाजन को लेकर पूरे भारत में सांप्रदायिक दंगे भड़क उठे इस दंगे में 1000000 लोगों की मौत हुई और लाखों को अपना अपना घर बार छोड़कर पलायन करना पड़ा इस भयानक नरसंहार से धर्मपाल गुलाटी का परिवार भी अछूता नहीं रहा जन्म स्थान सियालकोट तक पहुंच गई जहां हजारों हिंदुओं को जान से मार दिया गया यह दुकान और संपत्ति जला दी गई इन सब से बचने के लिए पलायन एकमात्र रास्ता था.

इसलिए घर में धर्मपाल गुलाटी जी भी सियालकोट छोड़कर भारत के लिए निकल गए. भारत पहुंचने के बाद उन्होंने कुछ दिन अमृतसर के रिफ्यूजी कैंप में बिताएं फिर वहां से वह देश की राजधानी दिल्ली में अपने एक रिश्तेदार के घर आ गए.देश के विभाजन के बाद उनका घर, दुकान, व्यवसाय सब, पाकिस्तान के हिस्से में चला गया और सब बर्बाद हो गया,.धर्मपाल गुलाटी जब पाकिस्तान हिंदुस्तान आए थे तब उनके पास कुछ पैसे थे इसी पैसों से अतः उन्होंने एक तांगा(घोड़ा-गाड़ी) खरीदी और तंग चलाने लगे, धर्मपाल गुलाटी ने कुछ दिनों तक तांगा चलाया फिर उन पर उनकी चंचल मन की प्रवृत्ति होने लगी, क्योंकि तांगा चलाकर इतने पैसे नहीं मिल पा रहे थे कि अपने परिवार का खर्च चला सके अतः मैं उन्होंने तांगा चलाने का काम छोड़ दिया।

तांगा चलाने छोड़ने यह बात उन्होंने अपने पुराने व्यवसाय में शुरुआत करने का निर्णय लिया, परंतु वह इतना आसान नहीं होने वाला था क्योंकि अब वे सियालकोट में नहीं थे बल्कि दिल्ली में थे जहां उनके पास कुछ नहीं था सियालकोट में उनके पिता की अपने दुकान थी वे क्षेत्र के सबसे अच्छे मसाला के व्यापारी थे और वह सारे संसाधन मौजूद थे, उनकी मसालों की दुकान अपने क्षेत्र में नाम और goodwill हासिल कर चुकी थी और एक अच्छा कस्टमरbare भी था, परंतु दिल्ली में यहां उन्हें कोई जानता तक नहीं था धर्मपाल गुलाटी को अब फिर से

जीरो से शुरुआत करनी थी, परंतु धर्मपाल गुलाटी इन सब से घबराएं नहीं क्योंकि उन्हें मसाले के व्यवसाय में काफी अनुभव था वे खुद अपने पिता के साथ मसाला पीसने थे, अपने पिता द्वारा किए गए कार्यों और सिखाए गए व्यवसाय गुरु से प्रेरित होकर उन्होंने फिर से अपनी पुश्तैनी व्यवसाय शुरू किया और मसालों के बादशाह बने.अपने मेहनत संघर्ष और मजबूत इरादों से धर्मपाल गुलाटी ने वह कर दिखाया जो आज देश के युवा व्यवसाययो और entrepreneur के लिए प्रेरणा बना हुआ है पिता द्वारा शॉप पर गए कारोबार का न सिर्फ बढ़ाया बल्कि उसे एक ब्रांड बनाया वह ब्रांड जिसका इस्तेमाल तकरीबन भारत के हर घर में होता है. बहुत कम लोग ही महाराज जी की सफलता के पीछे के कठिन परिश्रम को जानते हैं.

37
हार गया लेकिन खुद से जीत गया

हरीश नाम का एक लड़का था उसको दौड़ने का बहुत शौक था
    वह कई मैराथन में हिस्सा ले चुका था
परंतु वह किसी भी race को पूरा नही करता था
एक दिन उसने ठान लिया कि चाहे कुछ भी हो जाये वह race पूरी जरूर करेगा
    अब रेस शुरू हुई
    हरीश ने भी दौड़ना शुरू किया धीरे 2
सारे धावक आगे निकल रहे थे
मगर अब हरीश थक गया था
वह रुक गया
फिर उसने खुद से बोला अगर मैं दौड़ नही सकता तो
    कम से कम चल तो सकता हु
उसने ऐसा ही किया वह धीरे 2
चलने लगा मगर वह आगे जरूर बढ़ रहा था
अब वह बहुत ज्यादा थक गया था
और नीचे गिर पड़ा
    उसने खुद को बोला
की वह कैसे भी करके आज दौड़ को पूरी जरूर करेगा
वह जिद करके वापस उठा
लड़खड़ाते हुए आगे बढ़ने लगा और अंततः वह रेस पूरी कर गया

माना कि वह रेस हार चुका था
लेकिन आज उसका विश्वास चरम पर था क्योंकि आज से पहले
   race को कभी पूरा ही नही कर पाया था
वह जमीन पर पड़ा हुआ था
क्योंकि उसके पैरों की मांसपेशियों में बहुत खिंचाव हो चुका था
लेकिन आज वह बहुत खुश था
क्योंकि
आज वह हार कर भी जीता था
   दोस्तों हम भी तो इस तरह की गलती करते है हमारी life में
कभी भी अगर कोई परेशानी होती है तो उस काम को नही करते और छोड़ देते है
अगर आप एक student हो और रोज 10 hr की study करते हो
और किसी दिन कोई परेशानी की वजह से आप पढ़ाई नही करते मगर आपको
भले ही 5 hr मिले पढ़ना जरूर चाहिए
हरीश की कहानी से हमे यही सीखने को मिलता है कि अगर हम
लगातार आगे बढ़ते रहे तो एक दिन हम हारकर भी जीत
जाएंगे
   छोटे छोटे कदम बढ़ाते जाओ और आगे बढ़ते जाओ
   यही सफलता का नियम है

38

परिस्थितियों को दोष देना

काफी समय पहले की बात है दोस्तों
एक आदमी रेगिस्तान में फंस गया था

वह मन ही मन अपने आप को बोल रहा था कि यह कितनी अच्छी और सुंदर जगह है

अगर यहां पर पानी होता तो यहां पर कितने अच्छे-अच्छे पेड़ उग रहे होते

और यहां पर कितने लोग घूमने आना चाहते होंगे

मतलब ब्लेम कर रहा था

कि यह होता तो वो होता और वो होता तो शायद ऐसा होता

ऊपरवाला देख रहा था अब उस इंसान ने सोचा यहां पर पानी नहीं दिख रहा है

उसको थोड़ी देर आगे जाने के बाद उसको एक कुआं दिखाई दिया जो कि

पानी से लबालब भरा हुआ था काफी देर तक

विचार-विमर्श करता रहा खुद से

फिर बाद उसको वहां पर एक रस्सी और बाल्टी दिखाई दी इसके बाद कहीं से एक पर्ची उड़ के आती है जिस पर्ची में लिखा हुआ था कि तुमने कहा था कि यहां पर पानी का कोई स्त्रोत नहीं है अब तुम्हारे पास पानी का स्रोत भी है अगर तुम चाहते हो तो यहां पर पौधे लगा सकते हो

वह चला गया दोस्तों

तो यह कहानी हमें क्या सिखाती है

यह कहानी हमें यह सिखाती है कि

अगर आप परिस्थितियों को दोष देना चाहते हो कोई दिक्कत नहीं है लेकिन आप परिस्थितियों को दोष देते हो कि अगर यहां पर ऐसा हो और आपको वह सोर्सेस मिल जाए तो क्या परिस्थिति को बदल सकते हो

इस कहानी में तो यही लगता है कि कुछ लोग सिर्फ परिस्थिति को दोष देना जानते हैं
अगर उनके पास उपयुक्त स्रोत हो तो वह परिस्थिति को नहीं बदल सकते
सिर्फ वह ब्लेम करना जानते हैं लेकिन हमे ऐसा नहीं बनना है दोस्तों
इस कहानी से यह शिक्षा मिलती है कि अगर आप चाहते हो कि
परिस्थितियां बदले और आपको अगर उसके लिए उपयुक्त साधन मिल जाए तो आप अपना एक परसेंट योगदान तो दे ही सकते हैं और
मुझे पूरा भरोसा है कि अगर आपके साथ ऐसी कोई घटना घटित होती है

39
ईमानदारी का फल

काफी समय पहले की बात है प्रतापगढ़ नाम का एक राज्य था वहाँ का राजा बहुत अच्छा था
मगर राजा को एक सुख नही था
वह यह कि उसके कोई भी संतान नही थी
और वह चाहता था कि अब वह राज्य के अंदर किसी योग्य बच्चे को गोद ले
ताकि वह उसका उत्तराधिकारी बन सके और आगे की बागडोर को सुचारू रूप से चला सके
और इसी को देखते हुए राजा ने राज्य में घोषणा करवा दी

की सभी बच्चे राजमहल में एकत्रित हो जाये
ऐसा ही हुआ
राजा ने सभी बच्चो को पौधे लगाने के लिए भिन्न भिन्न प्रकार के बीज दिए
और कहा कि अब हम 6 महीने बाद मिलेंगे और देखेंगे कि किसका पौधा सबसे अच्छा होगा

महीना बीत जाने के बाद भी एक बच्चा ऐसा था जिसके गमले में वह बीज अभी तक नही फूटा था
लेकिन वह रोज उसकी देखभाल करता था और रोज पौधे को पानी देता था
देखते ही देखते 3 महीने बीत गए
बच्चा परेशान हो गया

तभी उसकी माँ ने कहा कि बेटा धैर्य रखो कुछ बीजो को फलने में ज्यादा वक्त लगता है
और वह पौधे को सींचता रहा
6 महीने हो गए राजा के पास जाने का समय आ चुका था
लेकिन वह डर हुआ था कि सभी बच्चो के गमलो में तो पौधे होंगे और उसका गमला खाली होगा
लेकिन वह बच्चा ईमानदार था
और सारे बच्चे राजमहल में आ चुके थे

कुछ बच्चे जोश से भरे हुए थे
क्योंकि उनके अंदर राज्य का उत्तराधिकारी बनने की प्रबल लालसा थी
अब राजा ने आदेश दिया सभी बच्चे अपने अपने गमले दिखाने लगे
मगर एक बच्चा सहमा हुआ था क्योंकि उसका गमला खाली था
तभी राजा की नजर उस गमले पर गयी
उसने पूछा तुम्हारा गमला तो खाली है
तो उसने कहा लेकिन मैंने इस गमले की 6 महीने तक देखभाल की है

राजा उसकी ईमानदारी से खुश था कि उसका गमला खाली है फिर भी वह हिम्मत करके यहाँ आ तो गया
सभी बच्चों के गमले देखने के बाद राजा ने उस बच्चे को सभी के सामने बुलाया
बच्चा सहम गया
और राजा ने वह गमला सभी को दिखाया
सभी बच्चे जोर से हसने लगे
राजा ने कहा शांत हो जाइये

इतने खुश मत होइए
आप सभी के पास जो पौधे है वो सब बंजर है आप चाहे कितनी भी मेहनत कर ले उनसे कुछ नही निकलेगा
लेकिन असली बीज यही था
राजा उसकी ईमानदारी से बेहद खुश हुआ
और उस बच्चे को राज्य का उत्तराधिकारी बना दिया गया

लेकिन हमें इस कहानी से क्या सीखने को मिला
मेरे हिसाब से
अपने अंदर ईमानदारी का होना बहुत जरूरी है
    अगर हम खुद के साथ ईमानदार है तो जीवन के किसी न किसी पड़ाव में सफल हो ही जाएंगे

क्योंकि हमारी औकात हमे ही पता होती है

हम खुद को पागल बनाकर खुद का ही नुकसान करते है

40

लिज्जत पापड़ की कहानी

लिज्जत पापड़ की कहानी

(मात्र 80 रूपये से शुरू होकर 500 करोड़ से अधिक की अविश्वसनीय बिक्री का लेखा-जोखा)

अच्छी क्वालिटी एवं सुरुचिपूर्ण स्वाद के लिए पहचाने जाने वाले लिज्जत पापड़ की सफलता की कहानी, निश्चित रूप से सहकारी क्षेत्र में सफलता की शानदार मिसाल है। मात्र 80 रु में केवल 7 महिलाओं द्वारा वर्ष 1959 में शुरू किए गए महिला गृह उद्योग ने आज 500 करोड़ से अधिक की बिक्री का आँकड़ा पार कर लिया है। आज इस संस्थान से 42000 से अधिक महिलाएँ जुड़ी हुई हैं। इसने एक बीमार, बन्द पड़ी पापड़ बनाने की इकाई को खरीदकर 15 मार्च, 1959 को पापड़ बनाने का कार्य शुरू किया। चार पैकेट पापड़ बनाने से इस उद्योग की मुम्बई में शुरूआत हुई। धीरे-धीरे यह को-ऑपरेटिव में परिवर्तित हो गया और आज एक बड़े उद्योग के रूप में इसे जाना जाता है।

इसकी पहले वर्ष की बिक्री मात्र 6196 रु थी। आज इसकी बिक्री 500 करोड़ से भी अधिक है।

यह कहानी महिलाओं के सशक्तीकरण एवं उनकी मेहनत से उपजी अभूतपूर्व सफलता की कहानी है। आज लिज्जत पापड़ न केवल हमारे देश के घर-घर में प्रयुक्त होता है, बल्कि इसका निर्यात भी किया जा रहा है। इस संस्थान का कोई

एक मालिक नहीं है, बल्कि संस्थान से जुड़ी हर महिला इसकी स्वामिनी है, लाभ एवं हानि बराबर से सभी द्वारा साझा किए जाते हैं।

इस संस्थान में न दान लिया जाता है, न ही किसी तरह का भी दान स्वीकार किया जाता है। संस्थान में निर्णय थोपा नहीं जाता, बल्कि सभी के द्वारा सर्वसम्मति से लिया जाता है। सचमुच महिला गृह उद्योग-लिज्जत पापड़, एक अनूठा संस्थान है, जिसकी सफलता की कहानी भी अद्भुत है।

41
आत्म विजेता ही असली विजेता

आत्म विजेता ही असली विजेता

कहते हैं, जिसने खुद को जीता, उसने दुनिया जीत ली। अपने ऊपर विजय प्राप्त करने वाले को सबसे बड़ा योद्धा माना गया है। मनुष्य का असली शत्रु तो वह स्वयं ही है। वस्तुतः हमारे असली शत्रु हमारे कुसंस्कार, हमारी बुरी आदतें, हमारे कुविचार और हमारा भ्रष्ट आचरण आदि हैं।

दीमक लकड़ी को, विषाणु स्वास्थ्य को चाट जाते हैं। व्यसन एवं दुर्गुण मनुष्य को गर्त में धकेलते हैं और उसके उत्कर्ष का कोई प्रयास सफल नहीं होने देते। दूसरों का दोष हमें तुरन्त दिखाई देता है, जबकि अपने दोषों के प्रति हम आँखें मूंदे रहते हैं। यदि हम अपने व्यसनों, दुर्गुणों, चारित्रिक दोषों का परिमार्जन कर सकें, अपने कुसंस्कारों पर विजय प्राप्त कर सकें, तो हम असली विजेता हैं। इन शत्रुओं पर विजय प्राप्त करना सबसे कठिन एवं दुरूह कार्य है, इन्हें परास्त करने वाला ही वास्तविक विजेता है।

42

हाथों का मोहताज नहीं हौसला

हाथों का मोहताज नहीं हौसला:

सकारात्मक सोच के साथ ज़िद की जाए तो वास्तव में दुनिया बदल सकती है। ऐसा ही कर दिखाया है श्रीराम कॉलोनी सांगानेरी निवासी 15 वर्षीय किशोर रोशन नागर ने। वर्ष 2002 में हुए हादसे में दोनों हाथ व एक पैर गवाँ देने के बाद पढ़ाई का सपना चूर हो चुका था। घर के बड़े बुज़ुर्गों की हिम्मत भी जवाब दे चुकी थी, लेकिन रोशन ने जिद की और आज वह दसवीं की बोर्ड परीक्षा दे रहा है।

वर्ष 2002 में घर की छत से गुजर रही हाइटेंशन लाइन के तारों में दोस्त की पतंग सुलझाने के दौरान रोशन नंगे पैर ही छत पर चला गया। लोहे का सरिया हाथ में लेकर रोशन पतंग के लिए लपका, तो उसे ऐसा करण्ट लगा कि एक पैर और दोनों हाथ गवाने पड़े। दो ऑपरेशन के बाद दादा नारायण उसे घर ले आए।

इलाज के करीब दस माह बाद रोशन ने पढ़ने की इच्छा जाहिर की इस ज़िद पर दादी किसना देवी ने हौसला बढ़ाया, उन्होंने उसके हाथ में कलम बाँधकर लिखने का अभ्यास करवाया। कड़ी मेहनत के बाद उसने वर्ष 2003 में पाँचवीं कक्षा में फिर से स्कूल जाना शुरू किया। इसी लगन के साथ उसने छठी में 52%, सातवीं में 62%, आठवीं में 79% और नौवीं में 64% अंक हासिल किए। बिना हाथ के 15 वर्षीय रोशन नागर का हौसला देखिए। रोशन ने कटे हाथ पर कलम बाँधकर जयपुर के नेवटा केन्द्र पर दसवीं की परीक्षा दी है। रोशन कहता है-वह किसी पर

बोझ बनकर नहीं रहना चाहता। वह सीए बनना चाहता है।

www.ingramcontent.com/pod-product-compliance
Lightning Source LLC
LaVergne TN
LVHW012034060526
838201LV00061B/4598
9798885914840